新能源汽车检测与维修岗课赛证融通系列教材

新能源汽车使用与安全防护

组　编　北京新能源汽车营销有限公司

主　编　赵建明　高　云

副主编　冯　涛　高尚安　易　娇　李爱军

参　编　旷文兵　刘　骞　陈彦纶　黄志勇

　　　　王红伟　王悬悬　王　彪　曾显恒

　　　　赵　欣　邹会勉　郭志勇　宇正鑫

　　　　毕玉顺　徐　坤　李佳音　高　阳

机械工业出版社

《新能源汽车使用与安全防护》是面向高职高专及技工院校的理实一体化教材，包括理论学习模块、实训任务模块、考核评分模块；还设置了案例解析内容，通过汽车维修企业的真实技术案例，使读者对所学内容有更进一步的理解。全书分为新能源汽车基本认知、新能源汽车基本使用、高压电安全防护、高压电系统安全控制、新能源汽车应急处理五个项目，共十二个任务。

　　为方便教学，本书配套操作视频，扫描二维码即可观看学习；还配备了习题库，亦可扫描二维码进行线上答题练习。订购本教材的教师可以登录 www.cmpedu.com 注册后免费下载配套课件、习题和习题答案。

　　本书可作为中高职院校新能源汽车、汽车维修等专业的教学用书，也可作为汽车售后服务人员的参考学习读物。

图书在版编目（CIP）数据

新能源汽车使用与安全防护/北京新能源汽车营销有限公司组编；赵建明，高云主编. —北京：机械工业出版社，2023.1
新能源汽车检测与维修岗课赛证融通系列教材
ISBN 978-7-111-72494-0

Ⅰ.①新… Ⅱ.①北… ②赵… ③高… Ⅲ.①新能源-汽车-使用方法-高等职业教育-教材②新能源-汽车-安全技术-高等职业教育-教材 Ⅳ.①U469.7

中国国家版本馆 CIP 数据核字（2023）第 010251 号

机械工业出版社（北京市百万庄大街 22 号　邮政编码 100037）
策划编辑：母云红　　　　　责任编辑：母云红
责任校对：张亚楠　张　薇　　封面设计：张　静
责任印制：单爱军
北京虎彩文化传播有限公司印刷
2023 年 4 月第 1 版第 1 次印刷
184mm×260mm · 11 印张 · 265 千字
标准书号：ISBN 978-7-111-72494-0
定价：55.00 元

电话服务　　　　　　　　　网络服务
客服电话：010-88361066　　机 工 官 网：www.cmpbook.com
　　　　　010-88379833　　机 工 官 博：weibo.com/cmp1952
　　　　　010-68326294　　金 书 网：www.golden-book.com
封底无防伪标均为盗版　　机工教育服务网：www.cmpedu.com

新能源汽车检测与维修岗课赛证融通系列教材

编 委 会

前　言

2020 年 9 月 22 日，在第七十五届联合国大会一般性辩论上，国家主席习近平向全世界郑重宣布：中国"二氧化碳排放力争于 2030 年前达到峰值，努力争取 2060 年前实现碳中和"。这就是"3060"目标。随后，《2030 年前碳达峰行动方案》等顶层文件出台，促使汽车产业加快绿色转型。2021 年 10 月 26 日，国务院发布《2030 年前碳达峰行动方案》，明确提出大力推广新能源汽车，逐步降低传统燃油汽车在新车产销量和汽车保有量中的占比。公安部发布数据显示，截至 2022 年 6 月底，全国新能源汽车保有量超过 1001 万辆，占汽车总量的 3.23%。其中，2022 年上半年新注册登记的新能源汽车达 220.9 万辆，与 2021 年上半年相比增加 110.6 万辆，增长率为 100.26%，创历史新高。新能源汽车发展已是大势所趋。

目前，在我国市场销售的新能源车型有纯电动、混合动力、燃料电池电动汽车等几类，总体来说，纯电动汽车占比最大。我国汽车市场自主品牌、合资品牌、进口品牌均有新能源车型上市销售，且从 2022 年上半年的销售数据来看，新能源汽车销量排名前十的品牌除特斯拉外都是自主品牌。

随着新能源汽车市场占有率的增加，新能源汽车在客户使用、售后维护与修理等方面的问题也会逐步增加，这就要求广大汽车售后服务人员对新能源汽车的结构、原理、使用、维护和修理方法有进一步的了解和掌握，也对职业院校人才培养提出了新的方向和要求。

为培养紧跟行业发展、贴合企业需要的新能源汽车售后服务人才，北汽新能源组织多所汽车职业院校和技工院校以及教育部公布的"汽车运用与维修、智能新能源汽车 1+X"证书制度试点职业教育培训评价组织单位共同编写了这套"新能源汽车检测与维修岗课赛证融通系列教材"。本套教材融合多年校企合作经验与成果、全国职业大赛参赛经验，紧跟行业技术发展现状，着力满足企业工作岗位需求，同时紧密契合院校课程体系建设，包括《新能源汽车构造与检修》《新能源汽车使用与安全防护》《新能源汽车维护》《新能源汽车底盘系统检修》《新能源汽车车身电气系统检修》《新能源汽车动力蓄电池与管理系统检修》《新能源汽车车载网络控制系统检修》；主要参编院校包括云南交通运输职业学院、湖南汽车工程职业学院、河北科技工程职业技术大学、北京交通运输职业学院、河南职业技术学院、云南机电职业技术学院、广州市交通技师学院、杭州汽车高级技工学校、山东工程技师学院、山西工程科技职业大学、四川工程职业技术学院、云南红河技师学院、保山技师学院等（排名不分先后顺序）。

本套教材是面向中高职及技工院校的理实一体化教材，包括理论学习模块、实训任务模块、考核评分模块；设置了案例解析内容，通过汽车制造企业和汽车维修企业的真实技术案例、实际工作流程，使读者对所学内容有更进一步的理解，力图使所学内容更贴近生产一线的工作实际情况。为方便教学，本书配有实操视频，扫描二维码即可观看学习；还配备了习题库，亦可扫描二维码进行线上答题练习。全书数字资源总码见下，扫描即可观看。订购本教材的教师可以登录 www.cmpedu.com 注册后免费下载配套课件、习题和习题答案。

《新能源汽车使用与安全防护》分为新能源汽车基本认知、新能源汽车基本使用、高压电安全防护、高压电系统安全控制、新能源汽车应急处理五个项目，共十二个任务，可作为中高职院校新能源汽车汽车维修等专业的教学用书，也可作为汽车售后服务人员学习使用的参考书。

在教材编写过程中得到北京德和顺天科技有限公司、北京中车行高新技术有限公司的大力支持，在此表示感谢！

由于编者水平有限，书中不足之处在所难免，欢迎广大读者批评指正。

编　者

扫一扫

数字资源总码

二维码目录

（续）

目　录　CONTENTS

活页式教材使用注意事项

 根据需要，从教材中选择需要夹入活页夹的页面。

02 小心地沿页面根部的虚线将页面撕下。为了保证沿虚线撕开，可以先沿虚线折叠一下。注意：一次不要同时撕太多页。

03 选购孔距为80mm的双孔活页文件夹，文件夹要求选择竖版，不小于B5幅面即可。将撕下的活页式教材装订到活页夹中。

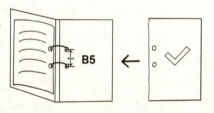

04 也可将课堂笔记和随堂测验等学习资料，经过标准的孔距为80mm的双孔打孔器打孔后，和教材装订在同一个文件夹中，以方便学习。

温馨提示：在第一次取出教材正文页面之前，可以先尝试撕下本页，作为练习

项目一
新能源汽车基本认知

任务一　新能源汽车的定义、分类与发展历程

【学习目标】

知识目标：

1) 掌握新能源汽车的定义。

2) 熟知新能源汽车的分类。

3) 了解新能源汽车的发展历程。

技能目标：

1) 能够解释新能源汽车的定义。

2) 能够根据新能源汽车的分类列举出当前在售的新能源汽车主流车型。

3) 能够描述我国发展新能源汽车所采取的措施与政策。

素质目标：

1) 在资料查找过程中互相学习，团队合作，探索新鲜事物。

2) 通过对新能源汽车发展历程的探索，提高自己通过互联网获取知识的能力。

【任务描述】

你的一位亲戚有购买新能源汽车的意愿，但他对新能源汽车一无所知，作为汽车专业的你，能给他普及一下新能源汽车的基本知识吗？

【相关知识】

一、新能源汽车的定义

2012 年 6 月 28 日国务院印发的《节能与新能源汽车产业发展规划（2012—2020 年)》指出：新能源汽车是指采用新型动力系统，完全或主要依靠新型能源驱动的汽车，本规划所指新能源汽车主要包括纯电动汽车、插电式混合动力电动汽车及燃料电池电动汽车。节能汽车是指以内燃机为主要动力系统，综合工况燃料消耗量优于下一阶段目标值的汽车。发展节能与新能源汽车是降低汽车燃料消耗量，缓解燃油供求矛盾，减少尾气排放，改善大气环境，促进汽车产业技术进步和优化升级的重要举措。同时指出：以纯电驱动为新能源汽车发展和汽车工业转型的主要战略取向，当前重点推进纯电动汽车和插电式混合动力电动汽车产业化，推广普及非插电式混合动力电动汽车、节能内燃机汽车，提升我国汽车产业整体技术水平。

二、新能源汽车的分类

1. 纯电动汽车

纯电动汽车（Battery Electric Vehicle，BEV）是指以车载电源为动力，用电机驱动车轮行驶，符合道路交通、安全法规各项要求的车辆。图 1-1 所示为北京-EU5 纯电动汽车。

图 1-1　北京-EU5 纯电动汽车

纯电动汽车具备以下特点。

（1）环保、无废气排放污染

众所周知，内燃机汽车（又称燃油汽车）工作时需要排放废气，而废气中的 CO_2、HC、NO_x、微粒及臭气等污染物会形成酸雨、酸雾及光化学烟雾，从而造成环境污染。纯电动汽车工作时不会排放废气，对环境保护和空气的洁净十分有益，几乎是"零污染"。

（2）噪声小

噪声对人的听觉、神经、心血管、消化系统、内分泌系统、免疫系统也是有危害的。纯电动汽车工作时驱动电机产生的噪声远小于内燃机工作时产生的噪声。

（3）能源利用效率高

纯电动汽车在交通拥堵、等候交通信号灯时不消耗电能，同时在车辆制动、下坡时电动机可自动转换为发电机给动力蓄电池充电，实现能量的回收，提高了能量的利用效率。这些都是燃油汽车所不具备的。纯电动汽车能源利用效率远远超过燃油汽车，尤其是在城市运行工况、汽车行驶速度不高时更明显。

（4）结构简单、保养方便

纯电动汽车较燃油汽车结构简单，传动部件少，保养方便，尤其是驱动电机无须保养。燃油汽车的很多保养工作针对的是内燃机，而纯电动汽车由于没有内燃机，其保养工作较燃油汽车简单。

2. 插电式混合动力电动汽车

插电式混合动力电动汽车（Plug-in Hybrid Electric Vehicle，PHEV）是介于纯电动汽车与燃油汽车之间的一种新能源汽车，既有传统汽车的内燃机（发动机）、变速器、传动系统、油路、油箱，也有纯电动汽车的动力蓄电池、驱动电机、控制电路，而且动力蓄电池容量较大，有充电接口，可以实现外部充电。

图 1-2　北京 X7 插电式混合动力电动汽车

图 1-2 所示为北京 X7 插电式混合动力电动汽车。

与普通混合动力电动汽车（Hybrid Electric Vehicle，HEV）相比，插电式混合动力电动汽车的动力蓄电池容量更大，可以支持更长的续驶里程，如果每次都是短途行驶，且有较好的充电条件，插电式混合动力电动汽车可以不用加油，当作纯电动汽车使用，具有纯电动汽车的优点。与纯电动汽车相比，插电式混合动力电动汽车的动力蓄电池容量要小很多，但是其装配燃油汽车的发动机、变速器、传动系统、油路和油箱，因此，在无法充电时，只要有加油站就可以一直行驶，续驶里程不受充电条件的制约，又具有燃油汽车的优势。插电式混合动力电动汽车结合了普通混合动力电动汽车的优点，在提供较长的续驶里程（指混合动力模式）的同时也能满足人们用纯电力行驶的需求，起到了良好的能源替代作用。但由于一辆车内要集成纯电动汽车和燃油汽车两套完整的动力系统，所以插电式混合动力电动汽车的成本较高、结构复杂，质量也比较大，相对于单纯的燃油汽车和纯电动汽车又有劣势。

3. 燃料电池电动汽车

燃料电池电动汽车（Fuel Cell Electric Vehicle，FCEV）是以燃料电池作为动力电源的汽车。常见的燃料电池电动汽车是氢燃料电池电动汽车，氢燃料电池电动汽车是利用氢气和空气中的氧气在车载燃料电池装置中经电化学反应产生电能，并以此作为动力的汽车。燃料电池电动汽车实质上也是一种纯电动汽车。图 1-3 所示为宇通 ZK6126FCEVG 燃料电池电动汽车。

图 1-3　宇通 ZK6126FCEVG 燃料电池电动汽车

燃料电池电动汽车被誉为人类交通的最终解决方案。与燃油汽车和纯电动汽车相比，燃料电池电动汽车具有如下特点。

（1）使用寿命长

只要燃料和催化剂能从外部源源不断地供给，燃料电池即可持续不断地输出电能，其使用寿命远远高于普通的原电池或充电电池。

（2）能量转换效率高

能量转换效率是指产出的电能与输入燃料经化学反应所能释放出的能量之比。燃料电池是将储存在燃料和氧化剂中的化学能通过电极反应直接转化为电能，其反应过程不涉及燃烧和热机做功，因此，能量转换效率不受卡诺循环的限制。理论上，燃料电池的化学能转换效率可达到100%，其实际能量转换效率也高达60%~80%，是普通内燃机热效率的2~3倍。

（3）环保性能好

燃料电池的主要反应产物是水，向大气排放的有害物质极少。由于没有往复及回转运动的机械部件，噪声也很小。

（4）响应性能好

燃料电池可及时响应汽车负载的变化，能在几秒之内从最低功率转换至额定功率，具有良好的响应速度。

（5）能源补充快

燃料电池所需的燃料主要是氢，充气或更换氢气瓶一般只需要几分钟，比纯电动汽车的动力蓄电池充电时间要短得多，并且一次加注燃料后其续驶里程基本能达到燃油汽车的通常水平。

三、新能源汽车的发展历程

1. 世界新能源汽车发展历程

新能源汽车并不是21世纪的新生事物，它有着较长的历史。自19世纪中期诞生以来，新能源汽车在世界范围内经历过多次起落。世界新能源汽车发展历程主要经历了五个阶段。

（1）第一阶段

在19世纪中期就已经出现了世界上第一辆电动车，这辆电动车主要由两代人共同完成。首先是匈牙利工程师阿纽什·耶德利克（Jedlik Ányos）于1828年在实验室完成了电传动装置。1834年，苏格兰人托马斯·德文博特（Thomas Davenport）制造了一辆电动三轮车，如图1-4所示，比1885年德国人卡尔·本茨（Karl Benz）发明的汽油机驱动的汽车早了近半个世纪。

到了1899年，德国汽车工程师费迪南德·保时捷（Ferdinand Porsche）发明了轮毂电机，以替代当时在汽车上普遍使用的链条传动。随后，保时捷开发了Lohner-Porsche电动汽车，该车采用铅酸蓄电池作为动力源，由前轮内的轮毂电机直接驱动，这也是第一辆以保时捷命名的汽车。

图1-4　德文博特制造的电动三轮车

从1834年起，电动汽车的发展曾经历经风雨，也曾经风光无限。19世纪末—20世纪初是电动汽车的黄金时期，一大批不凡的电动汽车受到了人们的喜爱。1903年，据纽约《汽车时代》杂志统计，在美国的4000多辆机动车中，40%是蒸气汽车，38%是电动汽车，剩下的22%才是燃油汽车。当时燃油汽车还在使用外燃机技术，开起来噪声大，而且冒黑烟，对于欧洲上层消费者来讲并不是首选。

（2）第二阶段

20世纪初期，内燃机的发展使电动汽车退出市场。随着内燃机的发明和生产技术的发展，燃油汽车在这一阶段形成了绝对优势。燃油汽车的优势主要表现在，内燃机虽然体积比较大，排出的废气会污染环境，噪声也很大，但它的燃料易于携带，用在运输工具上自身可以携带足够行驶很远路程的燃料。而电动汽车的驱动电机虽然体积小，不污染环境，不排放废气，噪声也很小，但是它工作需要电能，而电能不易携带，除非是携带电池，而电池的容量又受到限制，因此电动汽车的行驶距离受到限制。如果用在固定场合，采用驱动电机的电动汽车相对来说比较合适。由于电动汽车充电的不便性，在这一阶段电动汽车退出了汽车市场。

（3）第三阶段

20 世纪 60 年代，石油危机使人们重新重视纯电动汽车。这一阶段的欧洲已经进入工业化中期，石油危机频频显现，成为人类不可忽视的一个问题，当时的人们已经意识到这个问题，并且开始反思日益严重的环境污染将会给人类带来的巨大灾害。而驱动电机体积小，不污染环境，不排放废气，噪声也很小，使人们重新审视纯电动汽车。受资本的推动，在那十几年里，纯电动汽车的驱动技术有了较大发展，纯电动汽车受到了越来越多的关注，小型纯电动汽车开始占据固定的市场，如高尔夫球场代步车。

（4）第四阶段

20 世纪 90 年代，电池技术的滞后使电动汽车制造商改变了发展方向。20 世纪 90 年代阻碍电动汽车发展的最大问题就是电池技术发展滞后，电池技术没有重大突破导致充电和续驶里程没有突破性的进展，使电动汽车制造商面临巨大的挑战。汽车制造商在市场压力下开始研发混合动力电动汽车，以克服电池性能的不足和续驶里程短的问题。这一阶段最有代表性的就是插电式混合动力电动汽车和普通混合动力电动汽车的出现。

（5）第五阶段

21 世纪初期，电池技术有所突破，各国开始大规模应用电动汽车。这一阶段电池能量密度提升，电动汽车的续驶里程也以平均约 50km/年的速度提升，驱动电机的动力表现已经不弱于一些低排量的燃油汽车。

以特斯拉为代表的新能源造车新势力企业带动了新能源汽车的发展。特斯拉作为一家没有汽车制造经验的企业，自 2003 年 7 月 1 日成立至今，从一家小型初创电动汽车公司发展成为全球化汽车企业，做到了通用等传统汽车龙头企业做不到的事情。图 1-5 所示为特斯拉 Model S 纯电动汽车。

与此同时，中国更是大力推进新能源汽车的技术发展和产品落地，截至目前，中国已经成为全球新能源汽车保有量、产量最大的国家。

图 1-5　特斯拉 Model S 纯电动汽车

2. 我国新能源汽车发展历程

新能源汽车为我国缓解能源危机、改善空气质量、减少温室气体排放提供了破解之路。我国新能源汽车产业自 20 世纪 90 年代开始至今分别经历了研发布局、产业化准备、示范推广和产业化发展四个阶段。

（1）研发布局阶段（1991—2005年）

这一阶段主要有以下重要政策及项目。

1）"八五"期间，国家计划委员会重点科技攻关项目中列有"电动汽车关键技术研究"。

2）"九五"期间，燃料电池技术被列为国家重大科技攻关项目。

3）2001年9月，电动汽车研究开发列入科学技术部"十五"国家"863"计划重大专项。

4）2005年，在《国家中长期科学和技术发展规划纲要（2006—2020年）》中，"低能耗与新能源汽车""氢能及燃料电池技术"分别列入优先主题和前沿技术。

（2）产业化准备阶段（2006—2010年）

"十一五"期间，国家开展了电动汽车小规模示范应用。

1）2008年11月，我国第一款电动汽车获得上市批准并开始量产。

2）2009年1月，我国新能源汽车"十城千辆"工程启动，计划通过提供财政补贴，用3年左右时间，每年发展10个城市，每个城市推出1000辆新能源汽车开展示范运行。

3）2010年6月，财政部、科学技术部、工业和信息化部、国家发展和改革委员会联合颁布《私人购买新能源汽车试点财政补助资金管理暂行办法》，确定在5个城市（上海、长春、深圳、杭州、合肥）启动私人购买新能源汽车补贴试点工作。

（3）示范推广阶段（2011—2015年）

这一阶段主要有以下重要政策及事件。

1）2012年，《节能与新能源汽车产业规划（2012—2020）》确定了新能源汽车产业化目标。

2）从2012年开始实施新能源汽车车船税优惠政策。

3）2015年，我国新能源汽车产销量位居全球第一。

（4）产业化发展阶段（2016年至今）

"十三五"时期（2016—2020年），我国新能源汽车进入产业化发展阶段，初步实现规模化应用。

1）2016年12月，发布《关于调整新能源汽车推广应用财政补贴政策的通知》，自此新能源汽车补贴持续退坡。

2）2017年，将新能源汽车确立为汽车强国战略突破口。

3）2017年，乘用车"双积分"办法颁布，推动新能源产业加速规模化生产和应用。

4）2019年12月，《新能源汽车产业发展规划（2021—2035年）》征求意见，2020年10月9日获得通过，确立了未来15年我国新能源汽车产业高质量发展的基调。

你知道吗？

党的十九大报告指出，"绿水青山就是金山银山"，坚持人与自然和谐共生，坚持节约资源和保护环境的基本国策，像对待生命一样对待生态环境。统筹山水林田湖草系统治理，实行最严格的生态环境保护制度，形成绿色发展方式和生活方式，坚定走生产发展、生活富裕、生态良好的文明发展道路，建设美丽中国，为人民创造良好生产生活环境，为全球生态安全做出贡献。

课堂讨论

　　同学们，随着生产生活需求的不断提高，汽车的数量也在不断增多，产生了较多的废气污染、噪声污染等各种污染，这无疑会对我们的环境造成极大的威胁，而新能源汽车就是解决这些问题的路径之一。你知道我国为促进新能源汽车的发展出台了哪些政策吗？你知道我国的汽车企业为新能源汽车技术的发展做出了哪些贡献吗？接下来就让我们大家分享一下吧！

【实训任务一】　梳理新能源汽车的定义、分类与发展方向

实训器材

计算机或者手机。

扫一扫

新能源汽车的定义、分类与发展

作业准备

1）检查计算机供电是否正常或者手机的电量是否充足。

2）检查计算机或者手机是否能正常上网。

操作步骤

1）使用计算机或者手机上网收集目前在售的主流纯电动汽车品牌及车型，记录相关性能参数。

2）使用计算机或者手机上网收集目前在售的主流插电式混合动力电动汽车品牌及车型，记录相关性能参数。

3）使用计算机或者手机上网收集目前在售的主流燃料电池电动汽车品牌及车型，记录相关性能参数。

4）使用计算机或者手机上网收集目前新能源汽车的发展方向。

5）对自己收集的资料进行整理，给同组的其他同学讲解什么是新能源汽车；介绍新能源汽车的分类，每类新能源汽车都要举一个目前在售主流车型的例子，并介绍该车的主要性能指标；讲解新能源汽车的发展方向。

竣工检验

整理、恢复作业场地。

实训任务总结

_____

_____

_____

_____

梳理新能源汽车的定义、分类和发展方向	工作任务单	班级：
		姓名：

1. 作业场地准备

检查计算机供电是否正常或者手机的电量是否充足	□是　□否
检查计算机或者手机是否能正常上网	□是　□否

2. 什么是新能源汽车

_____

_____

_____

3. 一款目前在售的主流纯电动汽车的技术亮点

_____

_____

_____

4. 一款目前在售的主流插电式混合动力电动汽车的技术亮点

_____

_____

_____

5. 一款目前在售的主流燃料电池电动汽车的技术亮点

_____

_____

_____

6. 新能源汽车的发展方向

_____

_____

_____

梳理新能源汽车的定义、分类和发展方向			实习日期:		
姓名:		班级:	学号:		导师签名:
自评:□熟练□不熟练		互评:□熟练□不熟练	师评:□合格□不合格		
日期:		日期:	日期:		

梳理新能源汽车的定义、分类和发展方向【评分细则】

序号	评分项	得分条件	分值	评分要求	自评	互评	师评
1	作业前准备及工作态度	□1. 能进行计算机供电或者手机电量检查 □2. 能进行计算机或者手机联网情况检查 □3. 能进行工位清洁	15	未完成1项扣5分	□熟练 □不熟练	□熟练 □不熟练	□合格 □不合格
2	资料收集整理能力	□1. 阐述新能源汽车的定义 □2. 查找一款目前在售的主流纯电动汽车并记录其主要的技术亮点 □3. 查找一款目前在售的主流插电式混合动力电动汽车并记录其主要的技术亮点 □4. 查找一款目前在售的主流燃料电池电动汽车并记录其主要的技术亮点 □5. 阐述新能源汽车的发展方向	35	未完成1项扣7分	□详尽 □不详尽	□详尽 □不详尽	□合格 □不合格
3	语言表达能力	□1. 讲解什么是新能源汽车 □2. 讲解你查找的那款纯电动汽车主要的技术亮点 □3. 讲解你查找的那款插电式混合动力电动汽车主要的技术亮点 □4. 讲解你查找的那款燃料电池电动汽车主要的技术亮点 □5. 讲解新能源汽车的发展方向	50	未完成1项扣10分	□熟练 □不熟练	□熟练 □不熟练	□合格 □不合格

总分:

任务二　新能源汽车构成

【学习目标】

知识目标：

1）熟知纯电动汽车的各功能系统及智能网联系统。

2）熟知纯电动汽车三电系统功能。

技能目标：

1）能够正确识别车内外安全标牌。

2）能够正确识别车上的各种标识。

素质目标：

1）操作过程中互相学习，团队合作，探索新鲜事物。

2）通过对纯电动汽车各系统的探索，从认知到掌握，提高自己的知识水平。

【任务描述】

你的一位亲戚想购买一辆新能源汽车，但他对新能源汽车一无所知，作为汽车专业的你，能给他介绍一下新能源汽车由哪些系统构成以及各系统的功能吗？

【相关知识】

纯电动汽车主要由动力系统、充电系统、车身与底盘系统、舒适与便捷系统、安全系统和智能网联系统等部分组成。纯电动汽车与燃油汽车的主要区别在于它们的驱动系统不同，燃油汽车使用燃油（汽油或柴油）做燃料，由内燃机提供驱动力，通过离合器、变速器、传动轴等传动机构，驱动车辆行驶。而纯电动汽车则以动力蓄电池等车载电源为汽车的唯一动力源，以电机驱动车辆行驶。纯电动汽车其他部分的结构组成和功能与传统燃油汽车基本相同。

一、动力系统

纯电动汽车动力系统包括驱动电机、动力蓄电池和电控系统，这三个系统行业习惯合称为三电系统，简称三电。

1. 驱动电机

驱动电机在纯电动汽车上承担着电动机和发电机的双重功能，即在正常行驶时发挥其主要的电动机功能，将电能转化为机械能；而在减速制动和下坡滑行时又承担发电任务，将汽车的动能转化为电能。对驱动电机的选型一定要根据其工作要求和负载特性来选择。通过对汽车行驶时的特性分析可知，汽车在起步和上坡时要求有较大的启动转矩和相当的短时过载能力，并有较宽的调速范围和理想的调速特性，即在启动低速时为恒转矩输出，在高速时为恒功率输出。

在纯电动汽车上，驱动电机是唯一的驱动装置。纯电动汽车上可采用的电机有直流电机、交流电机、永磁同步电机和开关磁阻电机等。

2. 动力蓄电池

动力蓄电池是纯电动汽车的动力电源，也是纯电动汽车的主要能源，它除了供给汽车驱动行驶所需的电能外，也是汽车上辅助电源（低压蓄电池）和各种辅助装置的工作电源。动力蓄电池系统要以满足整车的动力要求和其他辅助功能为前提，同时要考虑动力蓄电池系统自身的内部结构和安全及管理设计等方面。

纯电动汽车上可采用的动力蓄电池有铅酸蓄电池、锂离子蓄电池、镍氢蓄电池等。

3. 电控系统

纯电动汽车的电控系统是基于车载电子微处理器的硬件和软件，以及控制器局域网（Controller Area Network，CAN）通信网络系统等来实现对汽车各个功能单元的控制。纯电动汽车的电控系统主要由整车控制单元（Vehicle Control Unit，VCU）、电机控制单元（Motor Control Unit，MCU）、蓄电池管理系统（Battery Management System，BMS）、CAN 通信网络系统等组成。电控系统的性能直接决定了纯电动汽车的爬坡、加速、最高速度等主要性能指标。同时，电控系统面临的工况相对复杂，需要能够频繁起停、加减速，低速/爬坡时要求高转矩，高速行驶时要求低转矩，具有大变速范围，还需要实现制动能量回收等特殊功能。

二、充电系统

充电系统是纯电动汽车唯一的能源补给系统，有常规充电和快速充电两种模式。

常规充电模式一般是利用家庭车库或是充电站等地的交流（AC）充电桩提供充电电源，通过车载充电机进行充电，此方法又称交流慢速充电法。交流充电桩可设置在小型充电站点，也可以设置在城市公用停车场、机关及企事业单位、街边、超市等处，作为纯电动汽车的公共设施，便民共享；还可以设置在家庭车库，使用方便、经济。公用充电桩设有计量、计费功能，可采用刷卡或扫二维码方式结算。充电功率一般在 5~10kW，采用单相 220V 供电或三相四线制 380V 供电（一般在专门充电站应用）。

常规充电主要在夜间进行，夜间电网处于城市用电低谷，有效避开了城市用电高峰，电价便宜，国家鼓励夜间用电并给予用电优惠政策，实行 1/3 电价。纯电动汽车夜间充电，既不影响白天车辆的使用，又实现了电网的错峰使用，车辆使用经济性好。

快速充电模式是一种直流（DC）充电模式，是将纯电动汽车连接到直流充电桩，对纯电动汽车进行快速充电。纯电动汽车需要通过专门的直流充电接口连接直流充电桩，使用非车载充电机对纯电动汽车进行直流充电。

快速充电模式能在较短时间内使动力蓄电池接近充满状态。这种快速充电也可称为应急充电，采用专用直流充电桩进行充电，该充电方式以较大的充电电流（通常为几十到几百安培的大电流）在较短时间内完成动力蓄电池充电；充电功率很大，能达到上百千瓦，充电额定电压为 400~750V（DC），额定电流为 125~250A。

快速充电模式能在 30min 左右的时间，使车辆动力蓄电池电量接近充满的状态，改善了纯电动汽车行驶里程短、充电时间长的状况，为纯电动汽车远距离使用和推广普及打下了基础。快速充电模式主要应用于长距离行驶或需要进行快速补充电能的情况。

快速充电模式使用的直流充电桩消耗的电流和功率都很大，对电网有较高的要求，一般应靠近 10kW 变电站附近。另外，快速充电模式对动力蓄电池的寿命有一定影响，在短时间

内接受大量的电量会导致动力蓄电池过热。一般应尽量采用常规充电模式，快速充电模式更适宜紧急情况下给动力蓄电池充电。此外，该充电模式对于动力蓄电池更换站，还需采取较为复杂的谐波抑制措施，与常规充电模式相比，设备成本相对较高。

三、车身与底盘系统

汽车车身主要由车身本体、开启件（各种门、窗、行李舱和车顶盖等）、各种座椅、内外饰附件和安全保护装置（保险杠、安全带、安全气囊等）组成。为节约纯电动汽车能源消耗，汽车车身造型设计应尽可能缩小其迎风面积来降低空气阻力，并采用轻型高强度材料来减小汽车自身质量。车内各个部件的布局也相当重要，由于纯电动汽车电能的传递主要是通过柔性的电缆，即减少了大量采用刚性机械连接部件的动能传递，因此纯电动汽车各部件的布置具有较大的灵活性，并且动力蓄电池组也可分散布置，作为配重物来布局。纯电动汽车各个部件的总体布局的原则是符合车辆动力学对汽车重心位置的要求，并尽可能降低车辆质心高度。特别是对于采用轮毂电机驱动实现"零传动"方式的纯电动汽车，不仅去掉了发电机、冷却液系统、排气消声系统和油箱（混合动力电动汽车用）等相应的辅助装置，还省去了变速器、驱动桥及所有传动链，既减小了汽车自身质量，又留出了许多空间，其结构可以说发生了脱胎换骨的变化，车辆的整个结构布局需全面考虑各种因素重新设计。

汽车底盘是整个汽车的基体，不仅起着支承动力蓄电池、驱动电机、驱动控制器、汽车车身、空调及各种辅助装置的作用，同时也将驱动电机的动力进行传递和分配，并按驾驶人的意图（加速、减速、转向、制动等）行驶。按传统汽车的归类或叙述习惯，汽车底盘应包括传动系统、行驶系统、转向系统和制动系统四大系统。

对于纯电动汽车，其传动系统根据所选驱动方式不同，不少部件被简化或直接省去。

行驶系统包括车桥、车架、悬架、车轮与轮胎等。对于采用轮毂电机驱动的纯电动汽车，其车桥也可省去。车架是整个汽车的装配基体，其作用主要是支承连接汽车的各零部件，承受来自车内和车外的各种载荷。悬架是车架（或车身）与车轮（或车桥）之间的一切传力连接装置的总称，主要由弹性元件、减振器和导向机构等组成。它与充气轮胎一起缓和不平路面对车辆的冲击振动。车轮主要由轮辋、轮辐等组成，其内部还需安装制动器，还可能需要安装轮毂电机，结构较紧凑。为减小纯电动汽车行驶时的滚动阻力，轮胎采用子午线轮胎较好。

转向系统包括转向操纵机构、转向器、转向传动机构等，按能源的不同分为机械转向系统和动力转向系统两大类。其中，机械转向系统与传统燃油汽车的完全一致。

制动系统由供能装置、控制装置、传动装置、制动器四个基本部分组成，按其功用不同分为行车制动系统、驻车制动系统、应急制动系统和辅助制动系统等。对于纯电动汽车，由于可利用电机实现再生制动能量回收，并且还可利用电磁吸力实现电磁制动，因此，随着技术的发展，其制动系统也将会有较大的变化。

四、舒适与便捷系统

舒适与便捷系统是为了让驾驶人更方便快捷地操作汽车，为其他乘员提供更舒适的乘坐感而设置的装置。常见的舒适与便捷系统配置有：转向盘电动调节、多功能转向盘、电动座椅、自动空调、蓝牙系统、遥控钥匙、无钥匙启动、一键式电动车窗、全景倒车影像、定速巡航或自适应巡航、自动泊车入位、车内氛围灯、电动行李舱、智能远光灯辅助及娱乐导航系统等。

五、安全系统

汽车安全系统主要分为两种类型，一种是主动安全系统，另一种是被动安全系统。

1. 主动安全系统

主动安全系统是为预防汽车发生事故，避免人员受到伤害而采取的安全设计，如防抱死制动系统（Antilock Brake System，ABS）、电子制动力分配（Electric Brake Force Distribution，EBD）系统、牵引力控制系统（Traction Control System，TCS）、电子稳定程序（Electronic Stability Program，ESP）、电子控制制动辅助（Electronic Brake Assist，EBA）系统等都是主动安全系统。它们的特点是提高汽车的行驶稳定性，尽力防止车辆倾翻、碰撞事故的发生。其他如高位制动灯、前后雾灯也是主动安全设计。

防抱死制动系统能在紧急制动状况下，保持车辆不因车轮抱死而失控，维持转向能力以避开障碍物。在一般状况下，它并不能缩短制动距离。

电子制动力分配系统必须配合 ABS 使用，在汽车制动的瞬间，分别对四个轮胎附着的不同地面进行感应、计算，得出摩擦力数值，根据各轮摩擦力数值的不同分配相应的制动力，避免因各轮制动力不同而导致的打滑、倾斜和侧翻等危险。

汽车在光滑路面制动时，车轮会打滑，甚至使方向失控。同样，汽车在起步或急加速时，驱动轮也有可能打滑，在冰雪等光滑路面上还会使方向失控而出现危险。牵引力控制系统就是针对此问题而设计的。它依靠电子传感器探测到从动轮速度低于驱动轮（这是打滑的特征）时，就会发出一个信号调节点火时间、减小节气门开度、降档或制动车轮，从而使车轮不再打滑。TCS 可以提高汽车行驶稳定性，避免加速过度与甩尾失控的危险。

电子稳定程序实际上也是一种牵引力控制系统，与其他牵引力控制系统比较，ESP 不但控制驱动轮，而且控制从动轮。它通过识别危险信号并主动干预来实现车辆平稳行驶。如后轮驱动汽车常出现的转向过度情况，此时后轮失控而甩尾，ESP 便会放慢外侧的前轮来稳定车辆；在转向不足时，为了校正循迹方向，ESP 则会放慢内后轮，从而校正行驶方向。

在正常情况下，大多数驾驶人开始制动时只施加很小的力，然后根据情况增加或调整对制动踏板施加的制动力。如果必须突然施加大得多的制动力，或驾驶人反应过慢，这种方法会阻碍他们及时施加最大的制动力。电子控制制动辅助系统通过驾驶人踩踏制动踏板的速率来理解驾驶人的制动行为，如果它察觉到制动踏板的制动压力恐慌性增加，EBA 系统会在几毫秒内启动全部制动力，其速度要比大多数驾驶人移动脚的速度快得多。EBA 系统可显著缩短紧急制动距离并有助于防止在停停走走的交通中发生追尾事故。EBA 系统靠时基监控制动踏板的运动，一旦监测到踩踏制动踏板的速度陡增，而且驾驶人继续大力踩踏制动踏板，就会释放出储存的液压施加最大的制动力。驾驶人一旦释放制动踏板，EBA 系统就转入待机模式。由于更早地施加了最大的制动力，电子控制制动辅助系统可显著缩短制动距离。

当然，不同的车辆主动安全系统的配置有所区别。主动安全系统还有盲点监测（Blind Spot Detection，BSD）系统、车道偏离预警（Lane Departure Warning，LDW）系统、行人碰撞预警（Pedestrian Collision Warning，PCW）系统、前方碰撞预警（Forward Collision Warning，FCW）系统、自动紧急制动（Autonomous Emergency Braking，AEB）系统及胎压监测系统（Tire Pressure Monitoring System，TPMS）等。

当车速大于 15km/h 时，盲点监测系统会探测车辆两侧后方驾驶人视野盲区路况动态，并提供警示信息。

车道偏离预警系统在车辆偏离车道时，会通过仪表显示、声音提示、转向盘振动来提醒驾驶人。

行人碰撞预警系统在车辆与行人或自行车可能发生碰撞时，会及时发出警报提醒驾驶人。

前方碰撞预警系统在车速大于 60km/h 时，能探测本车与前车的距离，并进行碰撞危险综合评估，在必要时对驾驶人做出警示。

自动紧急制动系统能根据车速与车距自动判断发生碰撞的可能性，及时警示驾驶人或自动制动，降低事故概率。

胎压监测系统能实时监测轮胎气压和温度，针对轮胎异常情况提供警示信息。

2. 被动安全系统

被动安全系统是为避免或减轻人员在车祸中受到伤害而采取的安全设计，如安全带、安全气囊、车身的前后吸能区、侧门防撞钢梁等都属于被动安全系统。它们都是在车祸发生后才起作用的。

安全带是为了固定乘员身体以避免发生碰撞而设置的，而预紧式安全带在汽车发生碰撞事故的一瞬间，乘员尚未向前移动时会首先拉紧安全带，立即将乘员紧紧地绑在座椅上，然后锁止安全带防止乘员身体前倾，有效保护乘员的安全。预紧式安全带除了有普通安全带卷收器的收放安全带功能外，还有控制装置和预拉紧装置，它们的功能是当车速发生急剧变化时，能够在 0.1s 左右加强对乘员的约束力，将乘员固定在座位上，最大限度地降低伤害。预紧式安全带也可归于主动安全系统类。

当车辆前端发生了强烈的碰撞时，安全气囊就会瞬间从转向盘内膨出，垫在转向盘与驾驶人之间，防止驾驶人的头部和胸部撞击到转向盘或仪表板等硬物上。安全气囊并不是不论碰撞力大小都会膨出，它对正面碰撞的受力和接触面积都有要求，一般在时速 40km 以上的正面撞击，以及车辆中心左右各约 30° 的正侧面撞击时，才会感应产生作用。

但必须说明的是，安全气囊的膨出具有时间很短的特性，一般来说，在遇到较为剧烈的撞击时才会膨出，且不可收回。安全气囊的防护性从现实角度上来说远不及安全带。而且在没有使用安全带的情况下，一旦发生事故，安全气囊一般也于事无补。因此，安全气囊要在与安全带的配合使用下才能发挥其作用。

当汽车受到侧面撞击时，车门很容易受到冲击而变形，直接伤害到车内乘员。为了提高汽车的安全性能，就需要在汽车两侧门夹层中间放置一两根非常坚固的钢梁，这就是侧门防撞钢梁。它的作用是当侧门受到撞击时，坚固的防撞钢梁能大大减轻侧门的变形程度，从而能减少汽车撞击对车内乘员的伤害。

六、智能网联系统

不同的车辆配备的智能网联系统是不同的，能实现的具体功能有所差异。下面以北京-

EU5配备的达尔文智能网联系统（以下简称达尔文系统）为例，对智能网联系统的功能做简单介绍。

达尔文系统通过与百度、博世、哈曼等国际公司合作，实现包括高级驾驶辅助系统（Advanced Driving Assistance System，ADAS）、智能座舱监测、代客泊车等在内的智能驾驶功能。

达尔文系统在深度学习后主动满足用户的需求，能实现98%的自然语音唤醒识别率、10种手势识别功能，以及面部识别、空调、灯光、坐姿联动、噪声消除等自动功能。智能座舱通过多屏融合提升交互体验，并可实现屏幕、面部、声纹、手势、语音等多种交互方式；结合账户系统、用户喜好，实时调整车辆，满足乘客在车内空间的声音、光线、温度、环境等多维度体验；通过联网技术，扩展自身功能、链接在线资源，使车辆成为乘客生活的一部分。

智能网联系统可以通过用户大数据实现千车千面的驾乘体验。空中下载技术（Over-the-Air Technology，OTA）远程升级，可为用户"私人定制"专属车辆软件，还可对控制器软件进行安全校验，防止程序错刷。通过专用短波与蜂窝网络无线通信技术，可实现车与车通信、车与基础设施通信、车与人通信、车与云平台通信；实现一定可视距离（北京-EU5为1000m）的端到端直接通信，高精度定位可达厘米级，延迟时间控制在较短的时间内（北京-EU5为20ms以内）；低时延、高可靠地实现车辆前碰撞预警、交叉路口碰撞预警、绿波车速引导。

课堂讨论

同学们，对于一个国家来说，先进的自主研发能力是国家强大的象征之一，我们应该为之自豪，同时也应该为我们能继续走在行业前列而努力学习。你们还知道哪些在汽车设计制造领域先进的自主研发案例呢？接下来就让我们大家分享一下吧！

【实训任务二】　铭牌查找与识别

实训场地和器材

新能源汽车作业工位和举升机、新能源汽车整车、工作灯。

扫一扫 全车铭牌识别

作业准备

检查举升机，如图1-6所示。举升机使用前检查操纵手柄、安全保险装置、钢丝绳、液压缸、油管、电机电缆的状况。

操作步骤

1）停车入位，整车举升到位，如图1-7所示。

图 1-6　举升机实物

图 1-7　整车举升实物

➡ 小知识：举升车辆注意事项

1）应将举升机支撑块调整到车辆的可承力部位（图1-8），保持车辆平衡、举升脚被固定锁止后才能点按上升按钮，直至支撑点与车辆轻微接触后，停止上升。

2）当支撑点与车辆接触以后，必须进行再次检查，确保无误后才可以继续举升车辆。

3）举升机应由一人操作，升、降前都应向在场人员发出信号。举升到需要的高度时，确认举升机被安全锁止后方能进行车底作业。

图 1-8　车辆举升承力位置示意图

2）拆卸下护板，确认驱动电机位置，如图1-9所示。

3）查找并确认驱动电机铭牌位置，如图1-10所示。

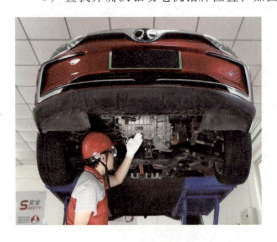

图 1-9　驱动电机位置

图 1-10　驱动电机铭牌位置

4）查找并确认车辆铭牌位置，如图 1-11 所示。

5）查找并确认各个安全标牌的位置，如图 1-12 所示。

图 1-11　车辆铭牌位置

图 1-12　各个安全标牌的位置

竣工检验

整理、恢复作业场地。

实训任务总结

铭牌查找与识别	工作任务单	班级：
		姓名：

1. 车辆信息记录

品牌		整车型号		生产年月	
驱动电机型号		动力蓄电池电量		行驶里程	
车辆识别码					

2. 作业场地准备

检查设置隔离栏	□是　□否
检查设置安全警示牌	□是　□否
检查灭火器压力及有效期	□是　□否
安装车辆挡块	□是　□否

3. 记录查找过程及铭牌位置

扫一扫

项目一习题

铭牌查找与识别		实习日期：		导师签名：
姓名：	班级：	学号：		
自评：□熟练□不熟练	互评：□熟练□不熟练	师评：□合格□不合格		
日期：	日期：	日期：		

铭牌查找与识别【评分细则】

序号	评分项	得分条件	分值	评分要求	自评	互评	师评
1	安全/5S[①]/态度	□1. 能进行工位 5S 操作 □2. 能进行设备和工具安全检查 □3. 能进行车辆安全防护操作 □4. 能进行工具清洁、校准、存放操作 □5. 能进行"三不落地"[②]操作	30	未完成 1 项扣 6 分	□熟练 □不熟练	□熟练 □不熟练	□合格 □不合格
2	专业技能	□1. 能正确确认、查找并识别各个安全标牌 □2. 能正确确认、查找并识别驱动电机铭牌 □3. 能正确确认、查找并识别车辆铭牌	60	未完成 1 项扣 20 分	□熟练 □不熟练	□熟练 □不熟练	□合格 □不合格
3	工具及设备的使用能力	□1. 能正确举升车辆 □2. 能正确使用工作灯	10	未完成 1 项扣 5 分	□熟练 □不熟练	□熟练 □不熟练	□合格 □不合格

总分：

① 5S 即整理、整顿、清扫、清洁和素养，在《新能源汽车维护》中有详细介绍。

② 三不落地指车辆维修作业时工器具及量具、零部件、油污不落地。

项目二
新能源汽车基本使用

任务一　组合仪表识别

【学习目标】

知识目标：

1）理解组合仪表的作用。

2）理解组合仪表各指示灯的含义。

3）理解仪表各界面的含义。

技能目标：

1）能够在组合仪表上指出各指示灯的位置并说明其含义。

2）能够设置组合仪表。

3）能够指导客户解决指示灯的问题。

素质目标：

通过学习感受组合仪表功能的强大，逐渐树立品牌信念，从而养成爱学习的习惯。

【任务描述】

一位新能源汽车车主打进服务热线，询问仪表上有一个指示灯亮起并描述了指示灯的颜色、形状，请问如何指导他的下一步操作？

【相关知识】

仪表的作用是在汽车的使用和运行过程中，随时向驾驶人员或技术人员提供车辆总成、各系统的动态技术指标，以便驾驶人员和技术人员随时了解各系统的工作性能、技术状况和运行参数，保证汽车可靠安全地行驶。

一、指示灯功能

各品牌汽车仪表指示灯大同小异，下面以北京-EU5为例，讲解新能源汽车仪表指示灯，其界面和指示灯如图 2-1 所示。

图 2-1　北京-EU5 组合仪表界面及指示灯

组合仪表的指示灯颜色通常有三种——绿色、黄色和红色，提示级别递增。绿色为状态指示，表征车辆运行状态，无故障提示含义；黄色有提醒或警告含义，提示有较大影响的信息或警告该系统可能有故障；红色为警告指示，为警告安全信息或提示该系统故障可能影响车辆正常运行。指示灯具体含义见表 2-1，表中序号与图 2-1 中序号相对应。

表 2-1　北京-EU5 组合仪表指示灯含义

序号	图标	指示项说明	序号	图标	指示项说明
1	80	车速指示	9		示廓灯指示
2	Ready	READY 指示	10		前雾灯指示
3		ESP 工作指示	11		后雾灯指示
4		充电提醒/充电指示	12		近光灯指示
5		巡航系统指示	13	SOC 60%	荷电量（SOC）指示
6		电子驻车系统指示	14		远光灯指示
7		充电线连接指示	15		前排乘客安全带未系指示
8		门开指示	16		驾驶人安全带未系指示

021

（续）

序号	图标	指示项说明	序号	图标	指示项说明
17	ODO 80km	总里程指示	31	A	自动驻车（AVH）指示
18	平均电耗 累计 14.5	平均电耗指示	32		电动助力转向故障指示
19	Trip B 263.5 km	小计里程指示	33	P	电子驻车系统故障指示
20	OFF	制动能量回收关闭指示	34		安全气囊故障指示
21		系统故障指示	35		TPMS 故障指示
22	2	制动能量回收等级指示	36		左转向指示
23		高电压断开指示	37	24°C	车外温度指示
24		动力蓄电池故障警告指示	38		瞬时电耗指示
25		电机过热指示	39	P	档位信息指示
26		制动系统故障指示	40	10:38PM	时间指示
27	ABS	ABS 故障指示	41		右转向指示
28		驱动功率限制指示	42	148	续驶里程指示
29		动力防盗指示	43		12V 蓄电池故障指示
30		电机故障警告指示	44	%Power	功率指示

二、组合仪表信息显示屏

组合仪表信息显示屏除了显示指示灯信息等，还可显示很多车辆静态和动态运行信息。典型的信息显示有充/放电模式、上电状态、设置信息等，下面以北京-EU5 为例展示上述信息及相关设置方法。

1. 充电模式

在车辆充电时，组合仪表会根据实际情况显示慢充或快充模式，界面如图 2-2 所示。

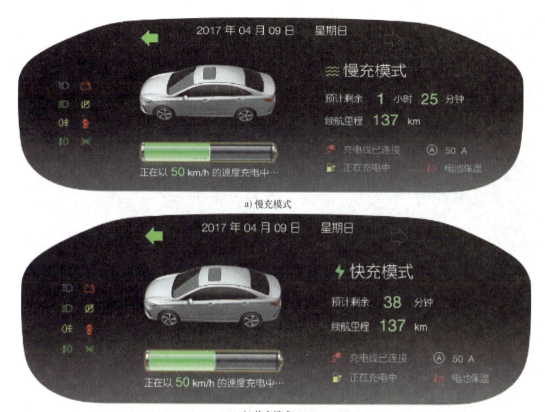

a) 慢充模式

b) 快充模式

图 2-2　充电模式显示界面

2. 放电模式

在车辆放电过程中，组合仪表会根据实际情况显示放电状态，显示为 VTOV 或 VTOL 模式。VTOV 就是"移动电站"模式，相当于将自己的车辆变成一个其他车辆的"大号充电宝"，借助蓄电池电量为其他车辆进行充电。VTOL 模式更贴近日常生活。可以通过该模式并借助蓄电池电量和专用转接设备，将车辆蓄电池的直流电反向变换成交流电，再搭配使用普通插排，就能在户外使用微波炉、电水壶、电烤箱、电磁炉、电视机，甚至是电热水器等常用家用电器。车辆放电 VTOL 模式仪表显示界面如图 2-3 所示。

图 2-3　车辆放电 VTOL 模式仪表显示界面

3. 车辆上电状态

根据驾驶人的操作，北京-EU5 上电状态可分为 ACC 模式和 READY 模式。

ACC 模式代表车辆网络已经唤醒，但是动力蓄电池电源母线未接通，车辆不能行驶。在该模式下，组合仪表显示如图 2-4 所示。

图 2-4　ACC 模式

在 READY 模式下，动力蓄电池母线已接通，车辆可以行驶，组合仪表显示行驶时的指示灯界面，READY 指示灯点亮，界面如图 2-5 所示。此时，通过转向盘左侧的上下拨动键（图 2-6a），可切换仪表的另外两个信息界面，如图 2-6b 所示。

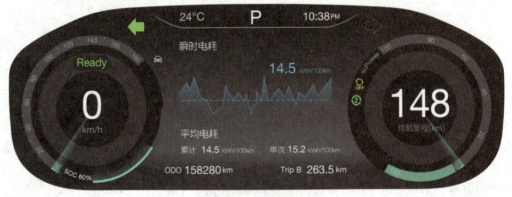

图 2-5　READY 模式

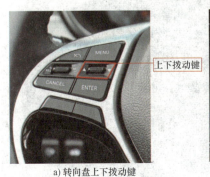

a) 转向盘上下拨动键　　　　　　　　b) 仪表信息界面

图 2-6　READY 模式下的仪表信息界面切换

4. 多媒体交互界面

北京-EU5 的组合仪表可实现与多媒体显示屏的交互显示，当中控台的多媒体功能（收音机、导航、蓝牙电话）打开时，通过拨动转向盘左侧的上下拨动键可分别调节出不同的多媒体界面，多媒体交互显示界面如图 2-7 和图 2-8 所示。

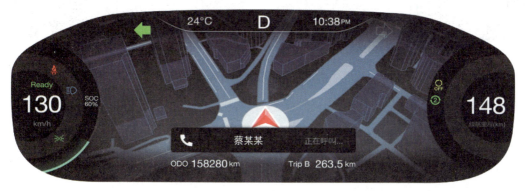

图 2-7　组合仪表的多媒体交互显示（导航地图）界面

图 2-8　组合仪表的多媒体交互显示（收音机）界面

5. 组合仪表的车辆设置界面

驾驶人可通过操作转向盘的坐标按键设置组合仪表，按键功能见表 2-2，设置操作过程和仪表显示如图 2-9 所示。

表 2-2　转向盘按键功能

转向盘按键示意图	按键	功能	备注
	MENU 键	菜单/返回键，用于进入设置菜单，或菜单子项返回上层	行车（显示车速大于 0km/h 时）按 MENU 键无反应，仅停车时可进行菜单设置
	上翻键、下翻键	做选择用，按上翻（↑）或下翻（↓）键可切换选项，长按可快速切换	主界面下长按上翻或下翻键，可进入一键切换主题 UI（用户界面）功能
	ENTER 键	确认键，用于进入菜单子项，或进入设置选中的选项	长按可选择或切换某一项目

a) 设置操作过程   b) 设置仪表显示

图 2-9 组合仪表设置界面

6. 中央显示屏设置

中央显示屏位于车辆仪表板上方正中间，主要用来设置车辆功能以及显示多媒体信息。以盲点监测设置为例，如要实现车辆盲点监测功能，依次点击显示屏上盲点监测系统→设置→安全→盲点监测，界面如图 2-10 所示。

图 2-10 盲点监测设置显示界面

盲点监测系统利用毫米波雷达或侧边摄像头对后视镜盲区进行监测。当在系统设定的盲区中监测到行驶车辆，驾驶人打开对应侧的转向灯时（系统认定驾驶人有变道意图），系统发出警报提示驾驶人后视镜盲区内有行驶车辆，此时组合仪表会有指示灯亮起，其界面如图 2-11 所示。

图 2-11 盲点监测工作提示界面

【实训任务三】 识别仪表指示灯及其功能作用、仪表信息

实训器材

新能源汽车整车、车内防护三件套$^{\ominus}$。

扫一扫 →

识别仪表指示灯
及其功能、含义

作业准备

1）检查车辆功能是否正常。

2）车内三件套防护等 5S 操作。

操作步骤

1）将车辆停在车间新能源汽车工位，通过按压启动按钮关闭显示屏。

2）将车辆钥匙置于车内。

3）通过操作让组合仪表显示尽可能多的指示灯并写出其含义，见表 2-1。

4）设置盲点监测功能，写出操作步骤并用手机视频记录操作。

5）操作车辆至 READY 模式，拍照记录车辆在 READY 模式前后的界面图片。

6）操作车辆相关功能按键，实现组合仪表和中央显示屏的交互显示，在组合仪表上显示一个收音机频道，记录其频率。

竣工检验

整理、恢复作业车辆。

实训任务总结

所有同学回到理论教室，分组派代表上台展示相关操作视频和图片，由其他组的同学对其操作进行评价，不足之处可做补充。

请对此次实训进行总结。

_____

_____

_____

_____

_____

_____

_____

_____

_____

_____

$\ominus$ 车内防护三件套指转向盘套、座椅套和脚垫。

项目二

| 识别仪表指示灯及其功能作用、仪表信息 | 工作任务单 | 班级： |
| | | 姓名： |

1. 车辆信息记录

品牌		整车型号		生产年月	
驱动电机型号		动力蓄电池电量		行驶里程	
车辆识别码					

2. 作业场地准备

检查设置隔离栏	□是　□否
检查设置安全警示牌	□是　□否
检查灭火器压力及有效期	□是　□否
安装车辆挡块	□是　□否

（1）哪些仪表指示灯可以显示出来？

（2）哪些仪表指示灯显示不出来？

（3）仪表指示灯有几种颜色？各代表什么含义？

识别仪表指示灯及其功能作用、仪表信息		实习日期：	
姓名：	班级：	学号：	导师签名：
自评：□熟练□不熟练	互评：□熟练□不熟练	师评：□合格□不合格	
日期：	日期：	日期：	

识别仪表指示灯及其功能作用、仪表信息【评分细则】

序号	评分项	得分条件	分值	评分要求	自评	互评	师评
1	安全/5S/态度	□1. 能进行工位 5S 操作 □2. 能进行车内防护套件布置 □3. 能进行车辆安全防护操作 □4. 能进行物件正确放置 □5. 能进行"三不落地"操作	20	未完成 1 项扣 4 分	□熟练 □不熟练	□熟练 □不熟练	□合格 □不合格
2	专业技能	□1. 能正确操作至 READY 模式 □2. 能通过正确操作让组合仪表显示尽可能多的指示灯并写出其含义 □3. 能正确按压启动按钮关闭显示屏 □4. 能正确操作组合仪表和中央显示屏的交互显示 □5. 能正确设置盲点功能及注意事项 □6. 能正确操作收音机	70	未完成 1 项扣 12 分，扣分不得超过 70 分	□熟练 □不熟练	□熟练 □不熟练	□合格 □不合格
3	工具及设备的使用能力	□1. 能够正确使用钥匙启动关闭车辆 □2. 能够正确恢复车辆	10	未完成 1 项扣 5 分	□熟练 □不熟练	□熟练 □不熟练	□合格 □不合格

总分：

任务二　电器功能操作

【学习目标】

知识目标：

1）理解车辆驾驶中仪表常规警告灯功能与建议处理措施。

2）掌握行车安全、便捷舒适、高级驾驶辅助系统的各项功能。

3）掌握电源模式切换（ON/Ready）、档位操作与行驶模式切换。

4）掌握车辆充电设置与操作。

技能目标：

1）能够识别车辆驾驶中仪表警告信息。

2）能够操作各项电器系统。

3）能够正确切换电源模式、档位操作与行驶模式、能量回收模式。

4）能够正确进行充电设置。

素质目标：

1）操作过程中互相学习、彼此配合、团队合作，培养探索新鲜事物的能力。

2）通过对汽车灯光系统的正确操作，培养学生对汽车灯光的认知能力，并培养学生独立思考、团队协作能力。

3）通过对刮水器、汽车扬声器（俗称汽车喇叭）和座椅的操作，培养学生探究新事物的兴趣。

【任务描述】

李小明来到汽车修理厂实习，一位刚买了新能源汽车两个月的车主询问他刮水器间隙档、间隙时间调节要怎么操作，李小明不知道如何回答该车主。如果你是李小明的师傅，你能告诉他如何进行操作吗？

【相关知识】

一、行车安全系统

1. 汽车灯光系统

（1）汽车灯光系统的作用

汽车灯光系统的作用主要为车外灯光提供车外照明、提醒、警示作用，增加行车安全性；车内灯光提供车内照明作用，增加车内乘员舒适度与便捷性。

（2）汽车灯光系统的组成

汽车灯光系统由电源、灯具、控制装置等组成。汽车灯具按其安装位置和用途不同，可分为外部灯具和内部灯具。

1）外部灯具包括前照灯、雾灯、倒车灯、牌照灯等。

① 前照灯。如图 2-12 所示，前照灯安装于汽车前部两侧，用于夜间行车道路的照明。

前照灯有两灯制（远近光一体）和四灯制（远近光独立存在）之分，每辆车安装两只，安装于外侧的一对为近、远光双光束灯，安装于内侧的一对为远光灯。

为了确保夜间行车安全，前照灯应保证车前有明亮且均匀的照明，使驾驶人能够辨明车前100m（或更远）内道路上的任何障碍物；前照灯应具有防眩目装置，以免夜间会车时，使对方驾驶人目眩而发生事故。

图 2-12　汽车前照灯

② 雾灯。雾灯安装于汽车的前部和后部，如图 2-13 所示，用于在雨雾天气行车时照明道路和为迎面来车及后面来车提供信号。前雾灯安装在前照灯附近，一般比前照灯的位置稍低，因为雾天能见度低，驾驶人视线受到限制。

红色和黄色是穿透力最强的颜色。前雾灯光色为黄色，因为黄色光波长较长，具有良好的透雾性能，灯泡功率一般为 35W。后雾灯采用单只时，应安装在车辆纵向平面的左侧，与制动灯间的距离应大于 100mm。后雾灯光色为红色，以警示尾随车辆保持安全距离，灯泡功率一般为 21W。

③ 倒车灯。倒车灯安装在汽车尾部的两侧，如图 2-14 所示。倒车灯光色为白色，功率一般为 21W。当驾驶人将变速器挂入倒档时，倒车灯点亮，照亮车辆后侧（部分车型伴有语音提示），同时警示后方车辆及行人注意安全，有的车辆上只有一个倒车灯。

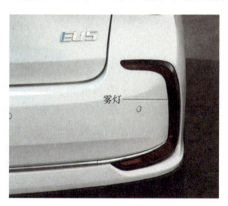

图 2-13　汽车雾灯

图 2-14　汽车倒车灯

④ 牌照灯。牌照灯用于照亮车辆牌照，如图 2-15 所示，要求夜间在车后 20m 处能看清牌照号码。牌照灯安装在汽车尾部牌照的上方或左右两侧，光色为白色，灯泡功率为 8~10W，没有单独的开关控制。

图 2-15　汽车牌照灯

2）内部灯具包括顶灯、仪表背景灯、踏步灯和行李舱灯等，主要为驾驶人、乘客提供方便，灯光光色为白色，灯泡功率一般为2~20W。

① 顶灯。如图2-16所示，顶灯安装在驾驶舱或车厢内顶部，为驾驶舱或车厢内的照明灯具。

② 仪表背景灯。仪表背景灯安装于仪表板内，如图2-17所示。开启位置灯或者近光灯后，通过背景灯亮度调节旋钮（仪表板左侧），可以调节组合仪表背景灯亮度的强弱，灯光颜色一般为白色。用于汽车仪表照明。

图 2-16　汽车顶灯

图 2-17　汽车仪表背景灯

③ 踏步灯。踏步灯一般安装在汽车上下车台阶的左右两侧，作用是车门的踏步处照明，方便乘客上下车。

④ 行李舱灯。行李舱灯为轿车行李舱内的灯具，用于轿车行李舱照明，便于看清行李舱内的物品。

2. 刮水器系统

刮水器的作用是刮扫风窗玻璃上的雨水、雪花或尘土等，保证汽车在雨天或雪天时，驾驶人有良好的视线，确保行驶安全。刮水器与清洗装置是汽车必须具备的装置，为安全行车提供保证。目前汽车上广泛使用的是电动式刮水器。刮水器一般安装在汽车前风窗玻璃下部靠前位置，如图2-18所示；部分汽车后风窗玻璃也装有刮水器，有些高档轿车的前照灯也装有刮水器。

3. 汽车喇叭

目前汽车上所用的喇叭多为电喇叭，如图2-19所示，汽车喇叭主要用于警告行人和其他车辆，以引起注意，保证行车安全。

图 2-18　汽车前刮水器

图 2-19　汽车喇叭

二、便捷舒适系统

1. 新能源电动汽车空调系统

汽车空调系统是实现对汽车车厢内的空气进行制冷、制热、换气和净化的装置。它可以为乘车人员提供舒适的乘车环境，降低驾驶人的疲劳程度，保障行车安全。如果车辆驾驶舱内空气混浊，则容易导致驾驶人疲劳、精神不振、注意力分散，极易引发事故，造成人员伤亡。

（1）操作按键的功能

以北京-EU5空调控制面板为例，各操作按键的功能如图2-20所示。

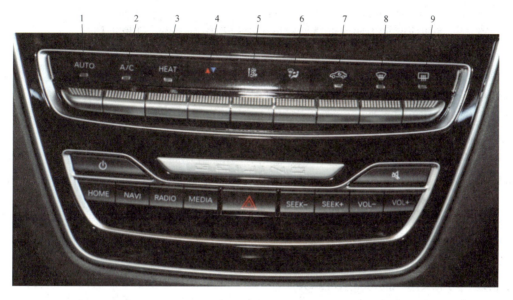

图 2-20　空调控制面板

1—全自动运行键（AUTO键）　2—空调系统开启/关闭键（A/C键）　3—制热按键（HEAT键）

4—温度调节按键　5—风量调节按键　6—模式切换键　7—内外循环切换按键

8—前风窗玻璃除霜/除雾按键　9—后风窗玻璃除霜/除雾按键

1）全自动运行按键（AUTO键）。按下全自动运行键，空调系统进入全自动运行模式，此时按键指示灯亮起，显示屏上会出现"AUTO"图标。在全自动运行模式下，按下模式切换键、风量调节键、A/C键、内外循环切换键、前风窗玻璃除霜/除雾按键中的任何按键，系统会执行该按键命令；若退出"AUTO"状态，显示屏取消图标显示的同时，按键指示灯熄灭，原本自动运行的其他功能则继续由系统进行自动控制。

2）空调系统开启/关闭键（A/C键）。按下空调系统开启/关闭键时，显示屏上会显示"A/C"图标。再次按下此键时，显示屏上的"A/C"图标会消失。当系统处于全自动运行模式下时，按此键会退出空调系统的自动运行状态，显示屏上不再显示"AUTO"图标，只有再次按下全自动运行键，空调系统才会恢复自动运行。

3）制热按键（HEAT键）。空调处于非制热状态时，按下制热按键，按键指示灯点亮，空调进入制热模式，并通过屏幕显示。空调处于制热模式下，按下制热按键，按键指示灯熄灭，空调退出制热模式，并通过屏幕显示。

4）温度调节按键。该按键可调节出风口温度，向上拨动按键升高温度，向下拨动按键则降低温度。

5）风量调节按键。向上拨动按键，出风口风速上升；向下拨动按键，出风口风速下降。

6）模式切换键。按压按键可切换气流模式，模式符号、意义及循环切换顺序如下：

① ➡ 表示气流吹向面部。

② ➡ 表示气流吹向面部和脚部。

③ ➡ 表示气流吹向脚部。

④ ➡ 表示气流吹向前风窗玻璃和脚部。

在进行模式切换时，为增加舒适性，风量随模式切换逐步达到设定档位。

7）内外循环切换按键。指示灯点亮时表示内循环工作模式，指示灯熄灭时表示外循环工作模式。按下内外循环切换按键后，系统切换循环模式（若按下前是内循环，则按下后立即切换为外循环工作模式，反之亦然），此时显示屏上的图标就会更改为另外的工作模式图标，工作指示灯也随之改变。

8）前风窗玻璃除霜/除雾按键。按下前风窗玻璃除霜/除雾按键后，系统就会进入前风窗玻璃除霜/除雾工作模式，风量自动调至 8 档。在除雾期间，建议开启空调系统制冷功能，提高除雾效率，如果感觉温度偏低，可通过开启制热功能来调节出风温度，从而保证车内的舒适和除雾的工作效率。

9）后风窗玻璃除霜/除雾按键。按下后风窗玻璃除霜/除雾按键，可开启外后视镜与后风窗玻璃加热功能，按键指示灯点亮，并通过屏幕显示。此功能持续工作 15min 后自动关闭，按键指示灯熄灭。如需再次启动，则需重新按下按键。后风窗加热功能启动状态下再次按下按键，功能关闭，按键指示灯熄灭。

（2）空调的使用方法

打开空调可以降低车内温度和空气湿度。空调仅在汽车启动停止按键位于"RUN"档且整车处于"READY"状态时可用。

1）最大通风。设置风量开关处于 7 档，模式调节处于面部通风，空调出风口将处于最大出风量。当车辆内部达到适宜温度后，调整风速至最舒适的设置。

2）快速制冷。当汽车启动停止按键位于"RUN"档，且整车处于"READY"状态时，开启空调并操作制冷按键与空调温度调节按键，将温度调至最低，冷空气通过仪表板上的出风口输出。操作风量调节按键调节风量至最大值，使鼓风机开启最大转速，并开启空气内循环模式（阻止热空气从车辆外部进入车辆内部）。一旦内部制冷完成，关闭空气内循环模式，然后根据需要重新设定风量。

3）快速制热。当汽车启动停止按键位于"RUN"档，且整车处于"READY"状态时，开启空调操作制热按键，将风量设置为最大，并开启空气内循环模式（阻止冷空气从车辆外部进入车辆内部）。一旦内部制热完成，可根据需要关闭空气内循环模式并重新设定风量和温度。

4）风窗玻璃除霜/除雾。除霜/除雾模式开启：空调系统开启时，按下风窗玻璃除霜/除雾按键进行除霜或除雾。

5）空气过滤系统。空气过滤系统由高效空气过滤器组成，可有效去除空气中可吸入颗粒物、粗颗粒物及细颗粒物。为保证系统对颗粒物保持较高的过滤效率，建议每 12 个月更换一次。

6）空调花粉过滤功能。花粉过滤功能可以对空调新风及室内循环空气进行过滤，可有效去除空气中的花粉，为驾驶舱乘员提供洁净的空气。

7）降低湿度。空调制冷功能可降低空气湿度，并用于在潮湿环境下车窗的快速除雾及干燥车内的空气。当外部温度高于零度时，建议采用制冷功能进行除湿操作，这适用于大多数驾驶条件。

8）中央出风口。若需调节中央出风口气流的方向，上、下、左、右拨动位于中央出风口上的凸舌即可，如图 2-21 所示。逆时针旋转出风口边缘的旋钮可打开出风口，顺时针旋转出风口边缘的旋钮可关闭出风口。

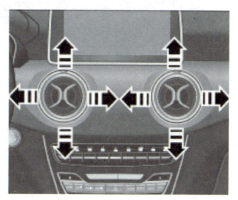

图 2-21　中央出风口气流方向调节

9）驾驶人侧出风口。若需调节驾驶人侧出风口气流的方向，上、下、左、右拨动位于出风口中央的凸舌即可，如图 2-22 所示。逆时针旋转出风口边缘的旋钮可打开出风口，顺时针旋转出风口边缘的旋钮可关闭出风口。

10）乘员侧出风口。若需调节乘员侧出风口气流的方向，上、下、左、右拨动位于出风口中央的凸舌即可，如图 2-23 所示。逆时针旋转出风口边缘的旋钮可打开出风口，顺时针旋转出风口边缘的旋钮可关闭出风口。

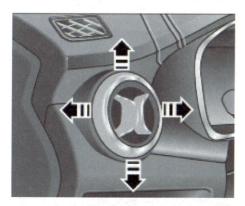

图 2-22　驾驶人侧出风口气流方向调节

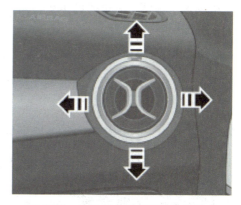

图 2-23　乘员侧出风口气流方向调节

2. 汽车座椅

汽车座椅分为电动控制座椅和手动控制座椅，基本功能包括座椅调节和加热等。

本节仅列出座椅常规功能，维修时以实车配置为准。

（1）电动座椅调节

驾驶人侧座椅电动调节开关如图 2-24a 所示，利用开关①和②可以对座椅的前后、上下及靠背前后倾斜 6 个方向的状态进行电动调节。

驾驶人侧座椅的前后、上下电动调节方法如图 2-24b 所示。沿箭头所指的各个方向扳动

新能源汽车使用与安全防护

开关①可以进行座椅前后、上下调节：向 A 方向扳动开关向后调整座椅；向 B 方向扳动开关向前调整座椅；向 C 方向扳动开关向下调整座椅；向 D 方向扳动开关向上调整座椅。

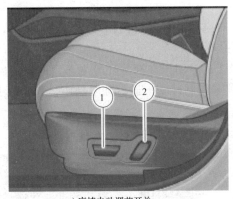
a) 座椅电动调节开关

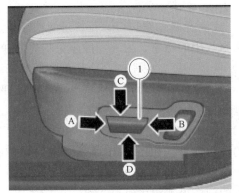
b) 前后、上下电动调节方法

图 2-24　驾驶人侧座椅电动调节示意图

1—座椅前后、上下调节开关　2—靠背调节开关

　　驾驶人侧座椅靠背电动调节方法如图 2-25 所示，沿箭头所指的各个方向扳动开关②可以进行座椅靠背调整：向 A 方向扳动开关使座椅靠背向后倾斜；向 B 方向扳动开关使座椅靠背向前倾斜。

　　（2）手动座椅调节

　　1）驾驶人侧手动座椅调节包括上下调节、前后调节和靠背角度调节。

　　驾驶人侧座椅上下手动调节是调整座椅在上下方向的位置，调整方法如图 2-26 所示。向上扳动调节手柄，可以升高坐垫；向下扳动调节手柄，可以降低坐垫。

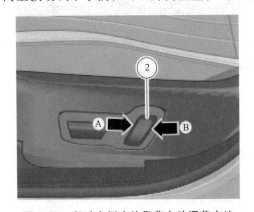
图 2-25　驾驶人侧座椅靠背电动调节方法

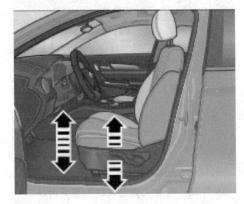
图 2-26　驾驶人侧座椅上下手动调节

　　驾驶人侧座椅的前后手动调节是调整座椅在前后方向的位置，调整方法如图 2-27 所示。向上拉起驾驶人侧座椅前部下方的调节拉杆可以前后移动座椅至合适位置，松开调节拉杆，略微前后移动座椅直至座椅锁止机构卡牢即可固定座椅位置。

　　驾驶人侧座椅靠背角度手动调节方法如图 2-28 所示。向上扳动调节手柄解锁座椅靠背，同时通过对座椅靠背施加适当的力来向前或向后调节座椅靠背至合适角度；松开调节手柄，略微前后晃动座椅靠背直至确保座椅靠背锁止机构卡牢即可固定座椅靠背角度。

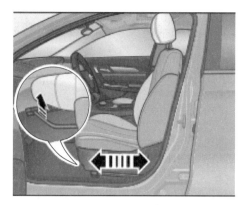

图 2-27 驾驶人侧座椅前后手动调节

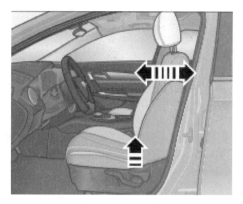

图 2-28 驾驶人侧座椅靠背角度手动调节

2）乘员侧手动座椅调节包括前后调节和靠背角度调节。

乘员侧座椅前后手动调节是调整座椅在前后方向的位置，调整方法如图 2-29 所示。向上拉起乘员侧座椅前部下方的调节拉杆可以前后移动座椅至合适位置；松开调节拉杆，略微前后移动座椅直至座椅锁止机构卡牢即可固定座椅位置。

乘员侧座椅靠背角度手动调节方法如图 2-30 所示。向上扳动调节手柄解锁座椅靠背，同时通过对座椅靠背施加适当的力来向前或向后调节座椅靠背至合适角度；松开调节手柄，略微前后晃动座椅靠背直至座椅靠背锁止机构卡牢即可固定座椅靠背角度。在座椅没人乘坐的情况下调节座椅靠背角度时，需用单手抓住座椅靠背。

图 2-29 乘员侧座椅前后手动调节

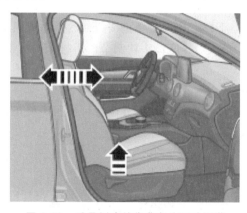

图 2-30 乘员侧座椅靠背角度手动调节

3）后排座椅折叠。后排座椅折叠方法如图 2-31 所示。若需要在车内放置大件物品，可将后排座椅靠背进行折叠，以增大行李舱储物空间。

后排座椅折叠恢复方法如图 2-32 所示。先将安全带移至外侧，然后将座椅靠背推回原位。前后晃动座椅靠背，确保靠背可靠锁止。确认锁止钮是否恢复到与罩壳平行，如果能看到罩壳凹槽内的红色警示标识，则代表锁止钮未锁止；如果看不到罩壳凹槽内的红色警示标识，则代表锁止钮锁止成功。

4）前排座椅头枕调节。前排座椅头枕调节方法如图 2-33 所示。为了保证安全性和舒适性，需在驾驶车辆前将头枕调整到合适位置。

上移：抓住头枕两侧，垂直向上提头枕，移至所需的位置。

项目二

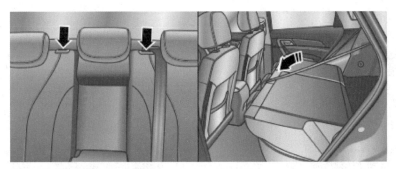

图 2-31　后排座椅折叠

图 2-32　后排座椅折叠恢复

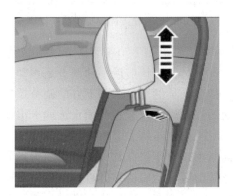

图 2-33　前排座椅头枕调节

下移：先按住锁止按钮，然后垂直向下移动头枕，移至所需的位置后，松开锁止按钮。

5）后排座椅头枕调节。后排座椅头枕调节方法如图 2-34 所示。为了保证安全性和舒适性，需在驾驶车辆前将头枕调整到合适位置。后排座椅头枕调节具体方法与前排座椅头枕相同。

后排座椅头枕调节位置可参照头枕正确调节标签说明，如图 2-35 所示。

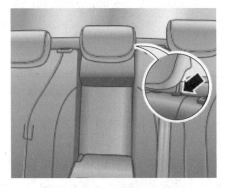

图 2-34　后排座椅头枕调节

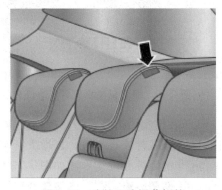

图 2-35　头枕正确调节标签

如果需要拆下头枕，按住锁止按钮的同时将头枕完全取出即可。严禁拆掉头枕行驶，否则在发生事故时将造成严重的人员伤害。安装头枕后必须按身高正确调节头枕位置，以获得有效保护。为了保证车内后视镜的良好视野，后排无人员乘坐时可将后排座椅头枕调节至最低位置；后排有人员乘坐时，须将头枕向上调节至合适位置。

（3）座椅加热

有些车辆驾驶人座椅有座椅加热功能，当车辆启动停止按键位于"RUN"档时，可以使用此项功能。

座椅加热按钮位于换档旋钮面板左侧，如图 2-36 所示。点触驾驶人座椅加热按钮，驾驶人座椅加热高档启动，3 个指示灯同时亮起；再按一下该按钮，驾驶人座椅加热中档启动，2 个指示灯同时亮起；再按一下该按钮，驾驶人座椅加热低档启动，1 个指示灯亮起；再按一下该按钮，加热功能关闭，指示灯全部熄灭。

图 2-36　座椅加热按钮

 ## 你知道吗？

> 作为纯电动汽车的核心三电技术之一，动力蓄电池的研发一直以来都是大家重点关注的领域。不得不承认，以宁德时代、比亚迪为代表的动力蓄电池供应商，在动力蓄电池领域已经取得了不错的成绩。
>
> 韩国市场研究机构 SNE Research 公布的数据显示，2021 年 1—10 月，全球 80 个国家/地区注册的电动汽车电池使用总量达 216.2GW·h。其中，在前十名的动力蓄电池供应商中，宁德时代以 67.5GW·h 的总容量、31.2% 的市场占有率位居第一；紧随宁德时代的是 LG、松下、比亚迪、SK on 等。值得一提的是，在全球排名前十的动力蓄电池供应商中，中国企业占据六个席位，领先于其他国家。
>
> 尽管中国动力蓄电池供应商的装机量领先于其他国家，但是并不代表着中国汽车工业能够实现"弯道超车"。当我们还在为我们现阶段取得的成绩感到自豪时，包括欧美、日韩在内的动力蓄电池供应商已经开始着手研发固态电池。中国科学院院士、中国电动汽车百人会副理事长欧阳明高表示，欧美等国家的汽车动力蓄电池企业在下一代固态电池技术的研发上已经领先我们五年。
>
> 换句话说，市场规模并不能与技术领先挂钩。基于目前我国主流动力蓄电池——三元锂电池和磷酸铁锂电池进行思考，我们或许走在了国外供应商的前面。不过，当前传统三元锂电池的能量密度已经接近极限，在材料以及材料配比无法实现进一步突破的前提下，想要提高电池的能量密度，难度非常大。
>
> 虽然固态电池的本质依旧是三元锂电池，但是由于采用不可燃、无腐蚀、不挥发等表现的固态电解液，固态电池具有安全性更高、能量密度更高等优势。比如固态电池的能量密度能够达到 500~600W·h/kg，充放电速度达 5C 以上，核心参数比目前的三元锂电池高一倍以上。
>
> 从当下全球动力蓄电池供应商以及汽车整车制造企业发布的固态电池量产时间来看，我国与国外的量产时间非常接近，均在 2025—2030 年。因此，如果我国动力蓄电池供应商想要在这场"赛跑"中跑赢对手，那么新材料的研发将变得无比重要。不过，这恰恰是我国在动力蓄电池领域的劣势。例如，我们现今使用的三元材料、碳硅复合材料等都是日本企业最先研发出来的，中国和其他国家后续跟进的。现阶段我国想要突破这一短板还有一定难度。

当然，我们并非完全没有机会实现超越，因为现如今固态电池虽然具有明显优势，且发展潜力极大，但是依旧存在循环寿命短、成本高等劣势，想要攻破这些难题，取代现存的电池方案还需要时间。对此，假如我们现在开始静下心来积累，通过厚积薄发的方式势必能够让我们再度走在时间的前列。

⇢ 课堂讨论

同学们，请说一说在我国汽车工业从大到强的道路上，我们这一代同学要如何去努力拼搏？接下来就请各位同学给大家分享一下吧！

3. 电动车窗、天窗和后视镜

（1）电动车窗

北京-EU5 的电动车窗，在汽车启动停止按键位于"RUN""ACC"档时，或按下启动停止按键位于"OFF"档后 30s 内可进行操控。所有车窗装有一键下降功能，即短按开关后松开，车窗将持续开启直至完全打开，下降过程中可通过向后拉动开关停止开启。

1）驾驶人侧车窗玻璃升降控制。驾驶人侧电动车窗玻璃控制开关位于驾驶人侧的车门扶手处，如图 2-37 所示。向上抬起按键，驾驶人侧车窗玻璃将升起，直至释放开关或玻璃上升至顶端后停止。向下压下按键，驾驶人侧车窗玻璃将下降，直至释放开关或玻璃下降至底部后停止。

若短时按压按键（轻压按键后快速释放），驾驶人侧车窗玻璃将自动下降，直至车窗玻璃降至底部；如果在车窗玻璃自动下降的过程中触动按钮，车窗玻璃将保持在当前位置。

2）前排右侧车窗玻璃升降控制。前排右侧车窗玻璃控制开关位置如图 2-38 所示，向上抬起按键并保持，关闭前排右侧车窗玻璃，当车窗达到需要的

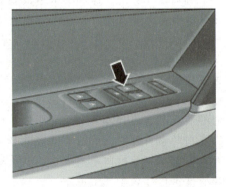

图 2-37　驾驶人侧车窗玻璃控制开关

位置时，松开开关即可。向下按压按键并保持，打开前排右侧车窗玻璃，当车窗达到需要的位置时，松开开关即可。

若短时按压按键（轻压按键后快速释放），前排右侧车窗玻璃将自动下降，直至车窗玻璃降至底部；如果在车窗玻璃自动下降的过程中触动按钮，车窗玻璃将保持在当前位置。

3）后排左侧车窗玻璃升降控制。后排左侧车窗玻璃控制开关位置如图 2-39 所示，其控制操作方法与前排右侧相同。

4）后排右侧车窗玻璃升降控制。后排右侧车窗玻璃控制开关位于后排右侧车窗玻璃下方，与左侧相对，其控制操作方法与前排右侧相同。

5）非驾驶人侧车窗玻璃升降禁止。非驾驶人侧车窗玻璃升降禁止开关如图 2-40 所示。在车窗升降禁止开关未被激活的状态下，前排及后排乘员车窗可以通过安装在每个车门上的独立车窗开关进行控制。在车窗升降禁止开关被激活的状态下，只能由驾驶人侧车窗升降开

关控制每个车门的车窗升降。

图 2-38　前排右侧车窗玻璃控制开关

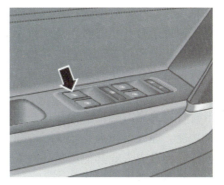

图 2-39　后排左侧车窗玻璃控制开关

玻璃升降禁止
开关

图 2-40　非驾驶人侧车窗玻璃升降禁止开关

（2）电动天窗

1）电动天窗滑动打开和关闭。北京-EU5 电动天窗打开和关闭按键如图 2-41 所示。

a）天窗打开操作

b）天窗关闭操作

图 2-41　电动天窗打开和关闭按键

当汽车启动停止按键位于"RUN"模式且天窗处于关闭状态时，持续按下天窗开关后部，天窗玻璃开始从关闭位置向滑动打开位置运行，一旦松开开关后部，天窗玻璃停止运行，如图 2-41a 所示。短按天窗开关后部并迅速松开，天窗玻璃开始从关闭位置自动向完全打开位置运行，在运行期间，一旦开关后部被再次按下，天窗玻璃将停止运行。

当天窗处于打开状态时，持续按下天窗开关前部，如图 2-41b 所示，天窗玻璃开始从滑动打开位置向关闭位置运行，一旦松开开关，天窗玻璃停止运行。短按天窗开关前部并迅速松开，天窗玻璃开始从滑动打开位置自动向关闭位置运行；在运行期间，一旦开关前部或后部被按下，天窗玻璃将停止运行。

但要特别注意的是，天窗在即将完全关闭的位置可能会停止对障碍物的监测，此时不具有防夹功能，即天窗防夹功能无法防止夹住手指等细小物品。所以，在关闭天窗时务必谨慎，务必确保没有人或其他物品处在天窗打开和关闭的范围内再进行关闭天窗操作，避免导致他人受伤或导致天窗损坏。

2）天窗的起翘通风打开和关闭。车辆在行驶途中，驾乘人员若要轻微打开天窗透气，可操作按键打开天窗的起翘通风，其打开和关闭操作如图 2-42 所示。

当汽车启动停止按键位于"RUN"模式且天窗处于关闭状态时，持续按下天窗开关前部，如图 2-42a 所示，天窗玻璃开始从关闭位置向起翘打开位置运行，一旦松开开关，天窗玻璃停止运行。短按天窗开关前部并迅速松开，天窗玻璃开始从关闭位置自动向完全起翘打开位置运行，在运行期间，一旦开关前部或后部被按下，天窗玻璃将停止运行。

a) 天窗起翘通风打开操作　　　　　　b) 天窗起翘通风关闭操作

图 2-42　天窗的起翘通风打开和关闭

当天窗处于起翘通风状态时，持续按下天窗开关后部，如图 2-42b 所示，天窗玻璃开始从起翘打开位置向关闭位置运行，一旦松开开关后部，天窗玻璃停止运行。

短按天窗开关后部并迅速松开，天窗玻璃开始从起翘打开位置自动向关闭位置运行，在运行期间，一旦开关前部或后部被按下，天窗玻璃将停止运行。

3）天窗防夹功能。当天窗滑动关闭或起翘关闭时，若短按并迅速松开开关，则天窗玻璃在关闭过程中具有防夹功能；若持续按下天窗开关，则天窗玻璃在关闭过程中不具有防夹功能。防夹功能在天窗关闭时可防止夹住大件物品。关闭天窗时若天窗运动受阻，天窗将停止关闭，并随即略微打开。即天窗在关闭时，如果防夹功能被触发，则天窗会向打开的方向运动一定距离后停止运动。

4）天窗遮阳板。天窗遮阳板如图 2-43 所示，可随天窗一起打开，需要关闭时只需手动将天窗遮阳板拉回原位。

（3）车外后视镜

汽车车外后视镜如图 2-44 所示，有些车外后视镜具有电动调节、电动折叠、电加热等功能，下面以北京-EU5 为例介绍上述功能操作方法。

图 2-43　天窗遮阳板

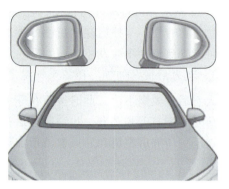

图 2-44　车外后视镜

车外后视镜所反射的物体影像比真实物体要小。物体与车辆的实际距离会比看起来更远一些，切勿因错误估计与后车的距离而引发事故。在驾驶车辆前，应坐在驾驶人座位上观看后方状态并调节后视镜的位置，驾驶车辆时请勿调节后视镜。

1）车外后视镜镜片电动调节。车外后视镜镜片调节旋钮位于仪表板左下方的多功能开关面板上，如图 2-45 所示。

选择需要调节的车外后视镜，旋转调节旋钮至"L"（左侧外后视镜）或"R"（右侧外后视镜）位置，如图 2-45 所示。向上或向下操纵调节旋钮，调节外后视镜的上翻或下翻角度；向左或向右操纵调节旋钮，调节外后视镜的左转或右转角度。

2）车外后视镜自动、手动折叠。

① 车外后视镜自动折叠。车外后视镜自动折叠调节旋钮如图 2-46 所示。将调节旋钮转至 ⬚ 位置，此时两侧的车外后视镜同时向车辆内侧折叠；将调节旋钮从 ⬚ 位置转出，两侧的车外后视镜将同时自动展开。

图 2-45　车外后视镜镜片调节旋钮

图 2-46　车外后视镜自动折叠调节旋钮

所有车门、前机舱盖及行李舱盖关好后，按下遥控钥匙锁止键，车外后视镜将自动折叠；按下遥控钥匙解锁键，车外后视镜自动展开。若中控显示屏车辆设置中"后视镜自动折叠"选为关闭，则使用钥匙无法实现后视镜自动折叠/展开。若车外后视镜镜框因为外力发生位移，则必须通过电动方式将后视镜完全折叠起来，切不可手动调整后视镜镜框，否则会影响后视镜调整功能。

②车外后视镜手动折叠。对手动折叠车外后视镜的车型，用手将车外后视镜向后拉，如图2-47所示，可将车外后视镜折叠在车辆侧面。

禁止在有任一车外后视镜折叠的情况下驾驶车辆，否则会降低对后方车辆及障碍物的判断，可能导致意外事故发生。

3）车外后视镜加热。在冬天气温下降的天气，车外后视镜镜片上会有一层雾气，导致驾驶人看后方模糊不清，此时按下位于空调面板上的后风窗玻璃除霜/除雾按键，如图2-48所示，则打开加热器，可清除外后视镜与后风窗玻璃上面的雾气和冰霜，约15min后，系统自动关闭外后视镜和后风窗玻璃加热除霜除雾功能。

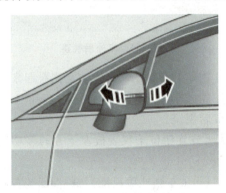

图2-47　车外后视镜手动折叠

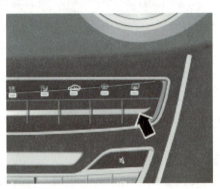

图2-48　空调面板上的除霜/除雾按键

在加热期间如需提前关闭加热功能，再次按下后风窗玻璃除霜/除雾按键即可。如不再需要对车外后视镜除雾，则应关闭车外后视镜加热器，避免浪费蓄电池电量。

4. 娱乐导航系统

（1）导航及多媒体音响系统

为了帮助驾驶人驾车行驶在正确的车道路线上和缓解驾乘人员的乘坐疲劳，新能源汽车驾驶舱内大多装配有导航功能及多媒体音响系统，如图2-49所示。有些车型装备智能车载系统和速度感知声音补偿系统。

智能车载系统：某些车型装备了集卫星导航、无线上网、语音交互、蓝牙通话、网络音乐、收音机与网络电台于一体的智能车载系统。

速度感知声音补偿系统：车辆高速行驶时，背景噪声会随车速增加而变大，速度感知声音补偿系统会根据车速动态调整娱乐性声源的音量大小，从而确保驾乘人员的听感始终维持较好的状态。

（2）行车记录仪

行车记录仪（Digital Video Recorder，DVR），如图2-50所示，是汽车行驶信息记录系统，主要功能为采集行驶过程中车辆前方视、音频信号并存储于内存卡中，为驾驶提供记录。

行车记录仪使用MicroSD卡，SD卡安装位置位于内后视镜左前方，行车记录仪壳体左侧，如图2-51所示。

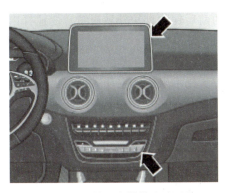

图 2-49　导航及多媒体音响系统

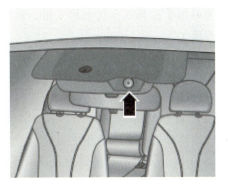

图 2-50　行车记录仪

DVR 系统主要功能如下。

循环录像：DVR 开启录像后默认录制状态为循环录像，循环录像存储于循环录像文件夹中，当文件夹存满后，时间最早的视频将会被最新视频覆盖。

紧急录像：紧急录像触发方式分为自动触发和手动触发。当车辆出现紧急制动、碰撞、横摆时，DVR 自动触发紧急录像，通过长按转向盘上的一键拍照按键可手动触发紧急录像。紧急录像功能触发后，系统自动记录触发时间点前后各 15s，共 30s 的视频，并存储于紧急录像文件夹中。紧急录像不会被自动覆盖，文件夹存满后需要手动删除。

拍照：北京-EU5 有拍照功能，通过转向盘上的"一键拍照"按键（图 2-52）和 App 中的按键可实现拍照功能，拍摄图片存储于照片文件夹中。

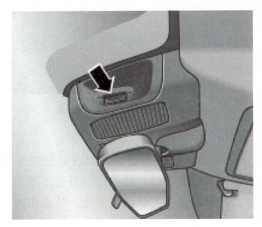

图 2-51　行车记录仪 SD 卡安装位置

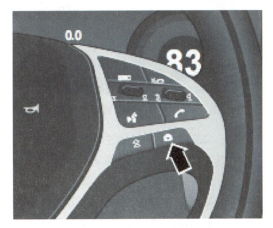

图 2-52　转向盘上的"一键拍照"按键

三、高级驾驶辅助系统

1. 高级驾驶辅助系统的概念

高级驾驶辅助系统（ADAS）是利用安装在车上的各式各样的传感器（毫米波雷达、激光雷达、单/双目摄像头以及卫星导航），在汽车行驶过程中随时感应周围的环境，收集数据，进行静态、动态物体的辨识、侦测与追踪，并结合导航地图数据，进行系统的运算与分析，从而预先让驾驶人察觉到可能发生的危险，有效增加汽车驾驶的舒适性和安全性。

ADAS 采用的传感器主要有摄像头、激光雷达和毫米波雷达等，可以探测光、热、压力或其他可用于监测汽车状态的变量，通常位于车辆的前后保险杠、外后视镜、变速杆内或者风窗玻璃上。

早期的 ADAS 技术主要以被动式报警为主，当车辆检测到潜在危险时，会发出警告提醒驾车人注意异常的车辆或道路情况。对于最新的 ADAS 技术来说，主动式干预也很常见。

2. 高级驾驶辅助系统的种类

（1）盲点监测

汽车驾驶人的盲区是指三面后视镜（左、右侧外后视镜及内后视镜）内看不到的区域，如图 2-53 所示，相信很多驾驶人都对于盲区有深刻的印象，它也是在众多事故中经常导致意外发生的因素之一。而盲点监测系统就是运用雷达和传感器监测车辆后方的盲区，在盲区监测到车辆靠近时会向驾驶人提供警示，帮助驾驶人降低意外发生的概率。

（2）停车辅助系统

ADAS 的停车辅助系统造福了许多不会停车的新手们。停车辅助系统又分为两种，分别是主动式与被动式，前者由系统自动控制转向盘以帮助驾驶人完成停车，加速、制动踏板与档位切换还是由驾驶人自行操控，如图 2-54 所示；后者则是以摄像头和超声波传感器为感知测量单元，可给驾驶人提供更多车身周围信息，以降低碰撞可能性。

图 2-53　汽车外后视镜盲点监测

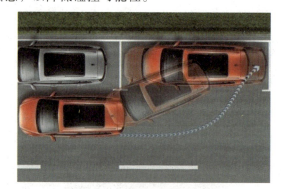
图 2-54　停车辅助系统示意图

（3）车道偏离警示系统

如图 2-55 所示，车道偏离警示系统由摄像头、传感器及控制器组成，原理是运用车身侧面或前风窗玻璃处后视镜前部位置的摄像头，采样目前行驶车道的标识线，再通过图像处理取得当前汽车在车道的位置，当汽车偏离车道时，控制器就会发出警报信号，从感知测量到发出警报只需约 0.5s，实时提醒驾驶人，避免意外的发生。

（4）前方碰撞预警系统

如图 2-56 所示，前方碰撞预警系统由安装在车头的雷达侦测自车和前方车辆的距离及速度，车距接近初期会发出警告声提醒驾驶人注意车距，若车距依然持续接近，车辆便会先自动轻微制动，并轻拉安全带两三次警告驾驶人；若系统判定追尾无法避免，则启动自动紧急制动，并立刻拉紧安全带固定驾驶人，减轻意外发生时的伤害。

（5）自适应前照灯系统

自适应前照灯系统（Adaptive Front-Lighting System, AFS）可依照不同的路况、环境、车速及天气状况，自动调整前照灯的照明范围及角度，让前照灯在照射范围更广的前提下，又不会影响其他交通参与者的视线，以提供驾驶人与对向来车更安全及舒适的照明。从过去

图 2-55　车道偏离警示系统示意图

图 2-56　前方碰撞预警系统示意图

自适应前照灯系统的主动转向式前照灯，到现在结合传感器的多颗 LED 智能型前照灯，都是属于此系统范畴，如图 2-57 所示。

(6)　夜视系统

如图 2-58 所示，夜视系统可以帮助驾驶人在视线不明、看不清楚的夜晚或恶劣天气下，自动识别动物或大型异物，同时警告驾驶人前方路况，以避免意外的发生。辨别方式为通过红外线感知热量的不同，区分人、动物、车辆以及环境的差异，并经过处理转变成图像，将原本看不清楚的物体清晰呈现在驾驶人眼前，以降低行车风险。

图 2-57　自适应前照灯系统示意图

图 2-58　夜视系统示意图

(7)　自适应巡航控制系统

如图 2-59 所示，自适应巡航控制系统（Adaptive Cruise Control，ACC）通过安装在车辆前部的车距传感器，持续扫描车辆前方道路获取前车的车速与相对距离，行驶中会自动侦测车速，当与前车的距离越来越小时，会对应调整自身车速，与前方车辆保持安全距离，减少碰撞意外的发生，也就是所谓的高级版巡航控制系统，目前许多车型上都已经可以看见此系统的踪影。

(8)　驾驶人生理状态监视系统

如图 2-60 所示，目前驾驶人生理状态监视系统大多都是利用摄像头侦测驾驶者脸部，判断专注力程度、是否有打瞌睡的迹象；还有系统更是利用驾驶人眼睛开闭频率情况，来辨别安全等级，提供适合的警告或是协助动作，如果驾驶人的脸部表情变化减少，甚至出现闭眼的情况，车辆就会通过声响、振动等来警示驾驶人，以避免意外事故发生。

 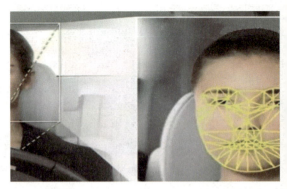

图 2-59　自适应巡航控制系统示意图　　　　图 2-60　驾驶人生理状态监视示意图

（9）360°全景影像系统

如图 2-61 所示，360°全景影像系统是一种舒适性系统，由安装于车身四周的四个互补金属氧化物半导体（Complementary Metal Oxide Semiconductor，CMOS）广角摄像头和一个全景系统控制器构成。全景系统控制器通过坐标转换及影像合成技术，将四个摄像头所获取的影像整合成鸟瞰俯视画面，使驾驶人对车辆周围环境一目了然，从而起到扩大驾驶人视野范围、辅助驾驶人驾车的作用。

图 2-61　360°全景影像系统

1—全景系统控制器　2—全景前视摄像头　3—全景后视摄像头　4—全景左视摄像头　5—全景右视摄像头

360°全景影像系统功能见表 2-3。

表 2-3　360°全景影像系统功能

功　能	功　能　描　述
360°全景	控制器将布置于车身四周的四颗摄像头的影像进行无缝拼接合成一幅 360°全景图，显示效果类似于从空中俯拍的影像，能 360°呈现车身周围的影像
盲点监测	利用侧边摄像头对后视镜盲区进行监测。当在系统设定的盲区中监测到行驶车辆相应方向的转向灯打开时（系统认定驾驶人有变道意向），系统发出警告提示驾驶人后视镜盲区内有行车车辆
车道偏离预警	全景影像系统利用摄像头进行车道线监测。当检测到车辆偏离本车道且没有相应方向的转向灯命令时（系统认定驾驶人没有变道意向），系统发出警报提示驾驶人车辆正在偏离本车道，需谨慎驾驶
移动物体识别	在低速情况下，全景影像系统可在摄像头影像中进行移动物体识别，当系统在影像中监测到移动物体时，系统会进行相应提示，用于提示驾驶人车辆周围有移动的物体，需谨慎驾驶

1）360°全景

① 操作全景影像系统的前提条件：

a）外后视镜展开到位。

b）所有车门和行李舱盖必须均关闭到位。

c）摄像头表面清洁，不能被雪、水、霜、泥浆、灰尘等物覆盖。

d）驾驶人必须熟悉此系统。

e）汽车的摄像头区域必须没有受到损坏。

② 启动条件：车辆启动停止按键位于"RUN"模式或者车辆已启动时，满足以下任一条件即可开启。

a）全景开关按下。

b）挂入R档。

③ 退出条件：满足以下任一条件即可关闭。

a）启动停止按键位于"OFF"或者"ACC"档。

b）全景开关按下。

c）挂入P档（手动变速为N档），5s以后自动退出（仅适用于非全景开关启动的情况）。

d）非R档，且车速≥15km/h时。

e）点击全景显示界面的退出键。

全景影像具备最高优先级，即开启后，不能被其他操作中断，比如收音机界面、空调界面等。

如图2-62所示，系统启动后系统默认画面为前视+全景，可通过变换档位、变换转向灯或触屏操作切换至其他视图。

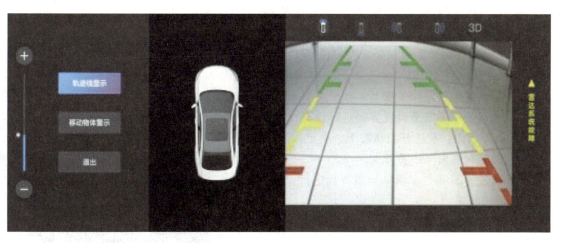

图2-62　360°全景人机交互视图

2）盲点监测

① 启动/关闭条件：

车辆启动停止按键位于"RUN"模式或者车辆已启动时，通过显示屏安全设置界面进行设置，且车速不小于30km/h。图2-63所示为盲点监测开启视图。

图 2-63 盲点监测开启视图

② 系统状态：

a）当盲点监测功能开启且工作正常时，此灯显示为绿色，如图 2-64 所示。

b）当盲点监测功能待机时，此灯显示为白色。

c）当盲点监测功能故障时，此灯显示为黄色。

③ 警告方式：

a）当系统检测到车辆盲区有其他车辆时，可提供指示灯视觉警告及声音警告。

b）当摄像头被雨雪、泥浆、冰雪等遮盖时，该功能会出现误报及漏报，需驾驶人谨慎驾驶。

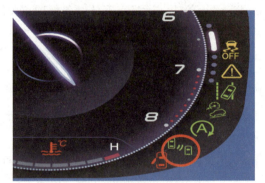

图 2-64 盲点监测开启示意图

c）当处于夜晚、雨雪、雾、阴影等环境中，该功能会出现误报及漏报，需驾驶人谨慎驾驶。

3）车道偏离预警

① 启动条件：车辆启动停止按键位于"RUN"模式或者车辆已启动时满足以下任一条件即可开启。

a）车道偏离预警开关按下，且车速不小于 60km/h。

b）通过显示屏安全设置界面进行设置，且车速不小于 60km/h。

② 退出条件：系统开启状态下，满足以下任一条件即可关闭。

a）按下车道偏离预警开关。

b）通过显示屏"车辆"设置界面进行设置。

③ 系统状态：

a）当车道偏离预警功能开启且工作正常时，此灯显示为绿色，如图 2-65 所示。

b）当车道偏离预警功能待机时，此灯显示为白色。

c）当车道偏离预警功能故障时，此灯显示为黄色。

④ 警告方式：

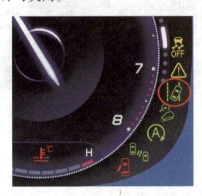

图 2-65 车道偏离预警开启示意图

a）当系统检测到车辆状态变化时，相应侧的车道颜色会根据车辆状态进行变化，例如车道已识别且车辆已偏离，车道显示为红色。

b）当摄像头被雨雪、泥浆、冰雪等遮盖时，该功能会出现误报及漏报，需驾驶人谨慎驾驶。

c）当处于夜晚、雨雪、雾、阴影等环境中，该功能会出现误报及漏报，需驾驶人谨慎驾驶。

注意：当驾驶人主动变换车道时，车道偏离预警警告功能将被禁止。

4）移动物体识别（Moving Object Detection，MOD）

全景影像系统可在摄像头影像中进行移动物体识别，当系统在影像中检测到移动物体时，系统会进行相应提示，用于提示驾驶人车辆周围有移动的物体，谨慎驾驶。

系统能检测的最小物体为高约50cm、宽约20cm左右的物体；系统仅能检测车身前后约3.5m、左右约2m以内的物体，不包括摄像头的盲区范围；当车辆车速不为0时，此功能被禁止。

启动/关闭条件：

a）当全景系统启动（关闭）时，MOD功能随之启动（关闭）。

b）当全景系统启动后，可通过人机交互界面上的图标进行开启关闭设置。

报警方式：当系统检测到移动物体时，在全景影像的对应区域内显示红色标记提示，如图2-66所示。

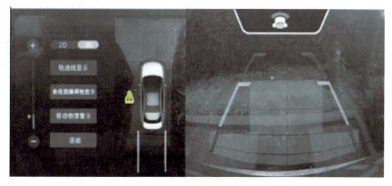

图 2-66　MOD 警告示意图

【实训任务四】　车身电器功能操作与设置：
灯光和刮水器系统操作

车身电器功能较多，本节以灯光和刮水器系统操作为例。

实训场地和器材

新能源汽车作业工位和举升机、新能源汽车整车、车内防护三件套。

作业准备

1）举升机检查。

扫一扫 ➡ 灯光功能的使用

扫一扫 ➡ 刮水器功能的使用

2）整车和防护三件套等 5S 操作。

3）充满电的蓄电池。

4）12V 蓄电池充电机。

操作步骤

（1）灯光认知与操作

1）车辆灯光认知：

① 铺设车内三件套。

② 支撑车辆，整车举升到车轮离开地面，支撑位置如图 2-67 所示。

③ 识别前部灯光（日间行车灯、示廓灯、近光灯、远光灯、转向灯、前雾灯），如图 2-68 所示。

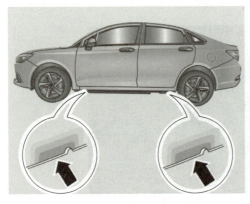

图 2-67 汽车支撑位置

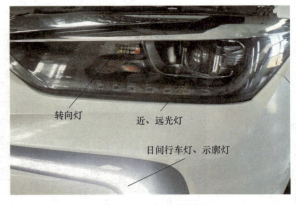

图 2-68 汽车前部灯光

④ 识别后部灯光（示廓灯、转向灯、制动灯、倒车灯、高位制动灯、牌照灯、后雾灯、行李舱灯），如图 2-69 所示。

⑤ 识别室内灯（阅读灯、门控灯），如图 2-70 所示。

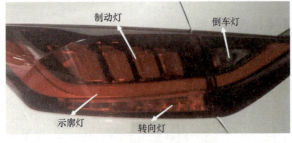

图 2-69 汽车后部灯光

图 2-70 室内灯

2）车辆灯光操作：

① 车辆启动停止按键位于转向盘右方的仪表板上，如图 2-71 所示。无钥匙启动停止按键模式与传统启动停止按键档位一致，智能钥匙在车内时，通过按压启动停止按键使之位于"OFF""RUN""ACC"来启动和停止车辆。

② 如图 2-72 所示，扭动灯光开关①到箭头位置，转动灯光控制旋钮，使灯光控制旋钮上的标记对准示廓灯位置时，前后示廓灯、后牌照灯、按键背光和组合仪表上示廓灯指示灯点亮，转回"OFF"位置即关闭。

图 2-71　启动停止按键位置

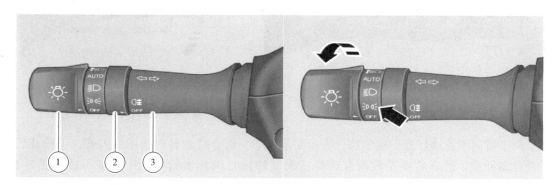

图 2-72　示廓灯开关位置及操作方式

③ 启动停止按键位于"RUN"模式时，转动灯光控制旋钮，如图 2-73 所示，当灯光控制旋钮上面的标记对准近光灯位置时，前照灯点亮，开启近光灯，转回"OFF"位置即关闭。

④ 当近光灯点亮时，垂直转向盘平面向外推动灯光控制操纵杆，如图 2-74 所示，可点亮远光灯，再次朝向转向盘平面拉动灯光控制操纵杆可关闭远光灯。

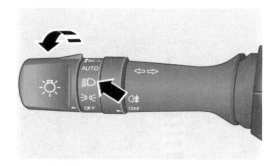

图 2-73　近光灯开关位置及操作方式

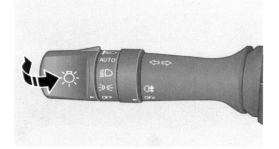

图 2-74　远光灯开关操作方式

⑤ 开启前照灯自动点亮。当启动停止按键位于"RUN"模式时，转动灯光控制旋钮对准"AUTO"位置，如图 2-75 所示，在车外光线较暗（如夜晚或驶过隧道等）的情况下，

近光灯会自动点亮。

⑥ 远近光灯警示。当前照灯开关处于"OFF"、示廓灯或近光灯位置时，向转向盘方向拉动灯光控制操纵杆可实现前照灯闪烁操作，如图 2-74 所示，远光灯会开启—关闭一次，即闪烁一次。

⑦ 开启转向灯，当启动停止按键位于"RUN"模式时，向下拨动灯光控制操纵杆，如图 2-76 所示，打开左转向灯，同时组合仪表中的左转向指示灯闪烁；向上拨动灯光控制操纵杆，打开右转向灯，同时组合仪表中的右转向指示灯闪烁。当转向盘回正后，灯光控制操纵杆会自动回位，外部转向灯和组合仪表中的转向指示灯熄灭。

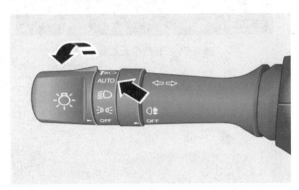

图 2-75　灯光自动档开关及操作方式

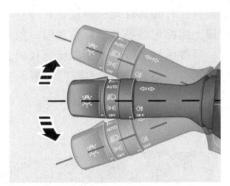

图 2-76　转向灯开关操作方式

向上或向下拨动灯光手柄半档，表示变道状态，组合仪表转向指示灯闪烁。手松开后，手柄自动回位，外部右或左转向灯闪烁三次（转向灯闪烁次数可在中控显示屏设置）后熄灭。

⑧ 开启、关闭雾灯。当启动停止按键位于"RUN"模式且灯光控制旋钮处于近光灯位置或 AUTO 位置时，将雾灯控制旋钮转到后雾灯位置，如图 2-77 所示，后雾灯点亮。当再次转动雾灯控制旋钮到后雾灯位置或将灯光控制旋钮转到 OFF 位置时，后雾灯关闭。

⑨ 前照灯高度手动调节。通过旋转前照灯高度手动调节旋钮，如图 2-78 所示，调节前照灯合适的照射位置，共 0、1、2、3 四个档位，0 档照射高度最高，按照 0~3 档的顺序依次降低。

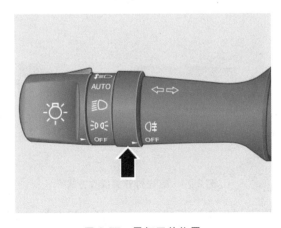

图 2-77　雾灯开关位置

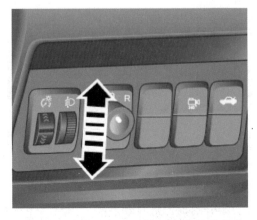

图 2-78　灯光高度调节开关位置及操作方式

⑩ 背光亮度调节。背光亮度调节按键位于仪表板左下侧的多功能开关面板上。示廓灯点亮时，仪表及整车各按键背光点亮。向上拨动背光亮度调节按键，仪表背光和整车各按键背光亮度增加；向下拨动背光调整按键，仪表背光和整车各按键背光亮度降低。背光亮度共 10 级，背光调节时，组合仪表上会显示当前背光亮度等级。

⑪ 危险警告灯开关。在打开危险警告灯后，如图 2-79 所示，所有转向灯会同时闪烁，组合仪表中的两个转向指示灯会闪烁。即使当启动停止按键位于"OFF"档时，危险警告灯仍可工作。

图 2-79　危险警告灯开关位置

（2）刮水器操作

1）按压车辆启动停止按键，车辆上电。

2）沿转向盘方向拉动刮水器控制杆，如图 2-80 所示，开启刮水器喷水。

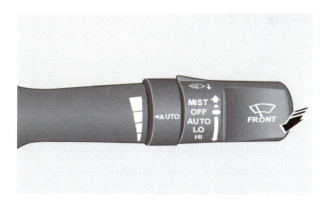

图 2-80　刮水器喷水操作方式

3）开启刮水器不同档位。上推或下压控制杆，调节刮水器不同档位，如图 2-81 所示。

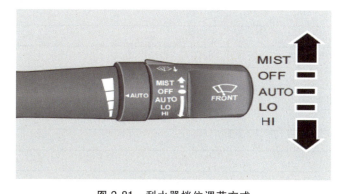

图 2-81　刮水器档位调节方式

MIST—单次刮水　OFF—关闭风窗玻璃刮水器
AUTO—自动刮水　LO—低速刮水　HI—高速刮水

4）刮水器间歇时间调节。当刮水器处于"INT"档位时，通过旋转间歇时间调节旋钮，如图 2-82 所示，可调节刮水器刮水的间歇时间。

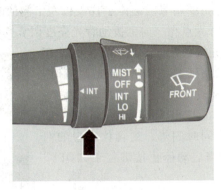

图 2-82　刮水器间歇时间调节旋钮

竣工检验

1）整理、恢复作业场地、作业车辆、作业设备。

2）场地及车辆的警示标识放置正确。

实训任务总结

_____

_____

_____

_____

_____

_____

_____

_____

_____

_____

_____

_____

_____

_____

_____

_____

_____

_____

_____

车身电器功能操作与设置：灯光和刮水器系统操作	工作任务单	班级：
		姓名：

1. 车辆信息记录

品牌		整车型号		生产年月	
驱动电机型号		动力蓄电池电量		行驶里程	
车辆识别码					

2. 作业场地准备

检查设置隔离栏	□是　□否
检查设置安全警示牌	□是　□否
检查灭火器压力及有效期	□是　□否
安装车辆挡块	□是　□否

3. 记录操作过程

示廓灯的开启关闭

近光灯的开启关闭

远光灯的开启关闭

远近光灯警示的开启关闭

前雾灯的开启关闭

后雾灯的开启关闭

转向灯（危险警告灯）的开启关闭

制动灯的开启关闭

倒车灯的开启关闭

示廓灯的识别

近光灯的识别

远光灯的识别

前雾灯的识别

后雾灯的识别

制动灯的识别

倒车灯的识别

刮水器喷水的开启关闭

刮水器间歇时间的调节

车身电器功能操作与设置:灯光和刮水器系统操作		实习日期:	
姓名:	班级:	学号:	导师签名:
自评:□熟练 □不熟练	互评:□熟练 □不熟练	师评:□合格 □不合格	
日期:	日期:	日期:	

车身电器功能操作与设置:灯光和刮水器系统操作【评分细则】

序号	评分项	得分条件	分值	评分要求	自评	互评	师评
1	安全/5S/态度	□1. 能进行工位 5S 操作 □2. 能进行设备和工具安全检查 □3. 能进行车辆安全防护操作 □4. 能进行工具清洁、校准、存放操作 □5. 能进行"三不落地"操作	15	未完成1项扣3分	□熟练 □不熟练	□熟练 □不熟练	□合格 □不合格
2	专业技能	□1. 能正确操作示廓灯 □2. 能正确操作近光灯 □3. 能正确操作远光灯 □4. 能正确操作远近光灯警示 □5. 能正确操作前雾灯 □6. 能正确操作后雾灯 □7. 能正确操作制动灯 □8. 能正确操作倒车灯 □9. 能正确操作转向灯 □10. 能正确操作(危险警告灯) □11. 能正确操作刮水器喷水功能的开启关闭 □12. 能正确操作刮水器间歇时间的调节 □13. 能正确识别示廓灯 □14. 能正确识别近光灯 □15. 能正确识别远光灯 □16. 能正确识别前雾灯 □17. 能正确识别转向灯 □18. 能正确识别后雾灯 □19. 能正确识别制动灯 □20. 能正确识别倒车灯 □21. 能正确识别高位制动灯	75	未完成1项扣4分,扣分不得超过75分	□熟练 □不熟练	□熟练 □不熟练	□合格 □不合格
3	工具及设备的使用能力	□1. 能够正确支撑车辆 □2. 能正确使用举升机 □3. 能正确使用工作灯 □4. 能正确挂入倒档 □5. 能正确上电	10	未完成1项扣2分	□熟练 □不熟练	□熟练 □不熟练	□合格 □不合格

总分:

任务三　车辆启动与关闭

【学习目标】

知识目标：

1）理解北汽 EU5 新能源汽车智能钥匙的使用功能及要求。

2）理解北汽 EU5 新能源汽车启动与换档要求。

3）理解北汽 EU5 新能源汽车档位与行驶模式切换要求。

4）理解北汽 EU5 新能源汽车能量回收设置方法。

技能目标：

1）能够使用智能钥匙的功能遥控车辆。

2）能够使用钥匙启动车辆，熟悉档位信息内容。

3）能够认识电动汽车档位与行驶模式切换要求。

4）能够认识电动汽车能量回收设置方法。

素质目标：

1）操作过程中互相学习，团队合作，探索新鲜事物。

2）通过对钥匙启动车辆和档位变换探索，从认知到掌握，提高自己的求知能力。

【任务描述】

一位客户新近买了一辆新能源汽车，他让实习的你给他介绍一下车辆智能钥匙功能的使用和档位模式的切换，你能告诉他吗？

【相关知识】

一、车钥匙的使用

钥匙通常用于开门和锁门，而汽车钥匙不仅可以解锁和闭锁车门，还可用于控制电动汽车上下电、燃油汽车启动和熄灭发动机、打开和关闭车辆电源等。常用的汽车钥匙有机械式的常规钥匙和智能遥控钥匙两类。

智能遥控钥匙可以利用无线遥控功能及无钥匙进入功能对车辆所有车门进行解锁、打开车门并进入车辆；同时可以配合仪表板的一键启动按键，给车辆上电，启动车辆的系统功能；也可以遥控解锁车辆行李舱盖。反之，也可以用智能遥控钥匙锁止车辆所有车门和行李舱盖。

1. 车钥匙简介

（1）智能钥匙

下面以北京-EU5 车辆智能遥控钥匙为例介绍车辆钥匙的使用。

北京-EU5 智能钥匙有四个按键，分别为解锁键、闭锁键、行李舱解锁键和寻车键，同时智能钥匙内部包含机械钥匙，如图 2-83 所示。

准备用智能钥匙开启车门时，出于安全考虑，需检查周围环境以及附近是否有干扰钥匙

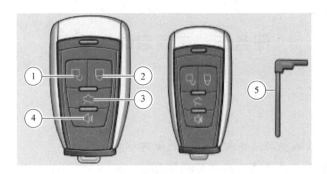

图 2-83　智能遥控钥匙及机械钥匙

1—解锁键　2—闭锁键　3—行李舱解锁键　4—寻车键　5—机械钥匙

正常操作的无线电发射器，例如无线电台或机场等请在靠近车门 1m 左右再遥控解锁车门，每个按键的功能如下。

1）按下解锁键，解锁整车四个门锁，随即便可打开车门。

2）按下闭锁键，随即闭锁整车四个门锁。

3）按下行李舱解锁键，行李舱盖随即解锁，可以打开行李舱盖。

4）按下寻车键，车辆的喇叭会响，危险警告灯也会闪亮。寻车功能就是利用遥控或报警装置，方便驾驶人在车辆较多的停车场快速找到自己的车辆。

若连续或长时间按下解锁或闭锁按键，会触发门锁保护功能，解闭锁功能会短暂失效，需放开按键几秒后另行遥控需要的按键。

（2）机械钥匙

机械钥匙为备用钥匙，通常在紧急情况下使用，例如智能遥控钥匙电量低的情况、遥控信号干扰大的情况或因其他故障导致智能钥匙失效的情况，可使用机械钥匙来打开车门。可按如下步骤取出机械钥匙，如图 2-84 所示，然后打开车门。

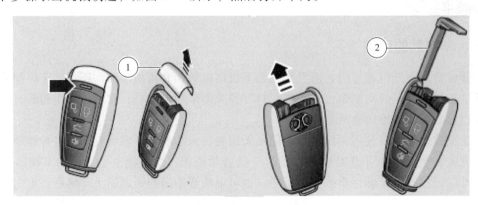

图 2-84　取出机械钥匙

1—装饰盖　2—机械钥匙

1）按下释放按钮。

2）取下钥匙饰盖。

3）沿箭头方向拔出机械钥匙。

4）将机械钥匙插入驾驶人侧车门把手的机械门锁锁芯内，逆时针转动钥匙至解锁位置，即可解锁所有车门；顺时针转动钥匙至闭锁位置，即可将所有车门锁闭。

5）机械钥匙使用完毕后，按相反步骤将其放回机械钥匙位置。

2. 车辆智能钥匙的主要功能

仍以北京-EU5为例介绍智能钥匙的主要功能。

(1) 无钥匙解锁和闭锁功能

1）无钥匙解锁。车辆在闭锁状态下，携带有效的智能遥控钥匙，走到距离车辆驾驶人侧车门把手约1m的范围内，用手指按压驾驶人侧车门把手上的唤醒解锁按钮，车辆会自动解锁，如图2-85所示。

2）无钥匙闭锁。车辆在解锁状态下且启动停止按键置于"ACC"或"OFF"模式，所有车门、行李舱门都关好时，携带有效的智能遥控钥匙，在距离车辆驾驶人侧车门把手约1m的范围内，用手指按压前门把手上的唤醒按钮，全车会自动闭锁，并进入设防状态，如图2-86所示。

图 2-85　无钥匙解锁　　　　　　　　　　图 2-86　无钥匙闭锁

(2) 解锁车门

在所有车门均锁止的情况下，按下解锁键，如图2-87所示，四个车门解锁，同时车辆转向灯闪烁两次。

使用遥控钥匙解锁功能解锁后，需在约30s内打开任一车门，否则30s后所有车门将会再次自动锁止。此功能可避免驾驶人在离开车辆过程中误按压解锁键导致车门未锁止而损失财物。

(3) 打开行李舱

在闭锁状态下，只需长按智能遥控钥匙上的行李舱解锁键，如图2-88所示，行李舱盖即可解锁。

图 2-87　解锁车门

(4) 寻车功能

在车辆处于设防状态时，在小于30m的距离内（空旷场地），按下智能遥控钥匙上的寻车按键，如图2-89所示，则车辆转向灯闪烁两次，车辆喇叭鸣响两次，但四车门不解锁。

图 2-88　打开行李舱

图 2-89　寻车功能

（5）锁止车门

在车辆所有车门及行李舱盖都关好的情况下，按下闭锁键，如图 2-90 所示，车辆所有车门全部锁止，同时所有转向灯点亮大约 2s。

（6）防盗指示灯

车辆的防盗指示灯位于仪表板前部中央，如图 2-91 所示。车辆设防成功后，此指示灯闪烁；车辆成功解锁后，此指示灯停止闪烁。

图 2-90　锁止车门

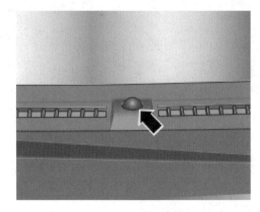

图 2-91　防盗指示灯

3. 更换智能钥匙电池

当智能遥控钥匙电量不足时，行车电脑会提醒更换电池。更换电池时操作不当会损坏钥匙，建议到汽车新能源特约经销商处或 4S 店进行更换。如需自行更换，操作如图 2-92 所示，更换电池需要使用 CR2032 型号锂电池。

更换遥控钥匙电池方法如下。

1）用镊子等尖锐工具插入钥匙下端的小孔中。

2）按下钥匙电池盖卡脚后，撬起电池盖。

3）取下电池，避免接触电路板和电池卡箍。

4）安装电池时应避免接触电池表面并在安装前将电池擦拭干净。

5）安装时需确保电池盖啮合完好，避免灰尘和水汽进入。

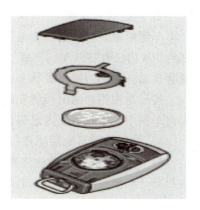

图 2-92　更换智能钥匙电池

6）电池更换完毕后，需要测试智能遥控钥匙的功能是否正常。如果智能遥控钥匙仍不能正常工作，需要与新能源汽车特约经销商或 4S 店联系。

4. 钥匙提醒功能

钥匙提醒功能也称防误锁功能，即车门锁具有防误锁功能，在任意车门处于开启状态下不能通过钥匙、遥控或中控锁按钮实现门锁闭锁功能，其目的是防止钥匙放在车内时门锁闭锁无法开门造成钥匙锁在车内。

（1）智能钥匙遗忘车内提醒

电源模式在"OFF"档，车门由打开到关闭，触摸门把手锁车，当车辆检测到车内有合法智能钥匙时，仪表会显示"智能钥匙遗忘车内"并伴有三声报警提示音，如图 2-93a 所示。

（2）智能钥匙不在车内提醒

当启动停止按键位于"RUN"档时，任一车门从打开到四门都关闭，若检测到车内没有钥匙，显示屏会显示"智能钥匙不在车内"并有一声报警提示音，如图 2-93b 所示。

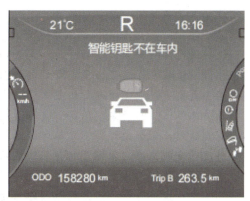

a) 智能钥匙遗忘车内　　　　　　　　　　　b) 智能钥匙不在车内

图 2-93　智能钥匙遗忘车内与不在车内提醒

（3）未发现智能钥匙提醒

当启动停止按键位于"OFF"档时，若车内没有智能钥匙且用户按下启动停止按键，则显示屏会显示"请将钥匙靠近紧急启动区域"，如图 2-94 所示。

5. 防盗报警系统

车辆解锁后会退出防盗报警状态，但是如果在约30s内没有打开车门，那么车辆防盗报警系统会自动恢复到防盗报警状态，车辆重新闭锁。

按压遥控钥匙的闭锁键和解锁键时，遥控钥匙向车辆中的接收器发送已编码的无线电信号。

1）按闭锁键可激活防盗报警系统。

2）按解锁键可关闭防盗报警系统，被动进入和离开功能也可以实现车辆防盗报警系统的激活和关闭。

3）按车门把手外侧按键可激活/关闭防盗报警系统。

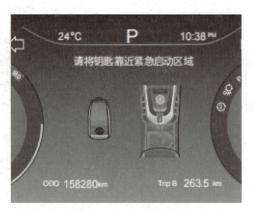

图 2-94　未发现智能钥匙提醒

通过遥控钥匙锁车后，仪表板上的防盗报警指示灯开始闪烁，整车进入设防状态，车辆所有的车门都处于被监控的状态。如果发现有车门被非法打开，警报会被激发。只有在所有车门和行李舱都处于闭锁状态的情况下，车辆防盗报警功能才能被激活。若在用遥控钥匙锁车时，车辆转向灯闪烁三次，表明车辆未进入防盗报警状态，此时应该检查车门和行李舱是否已关闭严密，如果均已关闭严密，仍不能激活防盗报警功能，需到新能源汽车特约经销商或4S店进行检修，避免因防盗报警故障而发生车内财物丢失。

你知道吗？

汽车维修企业没有周末双休、小长假等，即使节假日也必须有人在岗值班，为满足客户的需求，每个汽修人都坚持着自己的岗位！

在夏天，有的车间没有空调，当机修工掀开机舱盖时，那瞬间的热浪是常人难以想象的。工作一天下来，十分疲倦。因为梦想，他们选择坚持；因为梦想，他们在努力着！

比机修工更辛苦的，就要数钣金工了。钣金修复的过程，是与钢铁、电钻、焊机和介子机"亲密接触"的过程，拉钢敲铁是日常，焊火四射是习惯。在钣金车间的"地八卦"工位，铁链固定着一辆车，绕后一看，那是钣金最难的事故车大修。经验丰富的钣金师傅在用肉体和钢铁较量，除了力气，更需要专业的技术，一辆事故车要修复好几天，如果客户急用车，更要中、大工一起加班赶工。

在钣喷工位上，初出茅庐的小工在认真地打磨原子灰。虽然工作又脏又累又枯燥，但小工也有大梦想，哪个大师傅不是从学徒工开始的呢？做底涂和中涂工艺，打磨决定着漆面的平整度，看似粗鲁，实际是绣花一般的活儿，每磨一遍都用手仔细感受是否平整，自检瑕疵直到大师傅满意为止。

喷漆工更是值得一说，为了保证喷漆质量，喷烤漆房不能安装空调，因为空调会影响喷漆效果。封闭环境温度高达40℃，加上面具的密封性，喷漆师傅不知流了多少汗水。为喷漆师傅点赞！

职业没有高低贵贱之分，只是分工不同。但是所有人的尊严和人格都是一样的，不分贵贱！因为一份担当，他们承担；因为一份责任，他们坚守！所有爱岗敬业人都值得我们尊重！

课堂讨论

> 　　同学们，请说一说将来你从事汽车维修行业将如何坚守岗位？将如何对待本职工作？接下来就请各位同学给大家分享一下吧！

二、启动与换档

1. 启动

（1）启动停止按键

北京-EU5 新能源汽车的启动停止按键位于转向盘右方的仪表板上，如图 2-95 所示。无钥匙启动停止按键模式与传统启动停止按键档位一致，智能钥匙在车内时，通过按压启动停止按键使之位于"OFF""RUN""ACC"档位来启动和停止车辆。

智能钥匙在车内，制动踏板未踩下且档位在"P"档时，如图 2-96 所示，通过按压启动停止按键可以按照以下顺序切换电源模式：逐次按下启动停止按键，可在"OFF"→"RUN"→"ACC"这三种模式下循环切换。

图 2-95　启动停止按键的位置

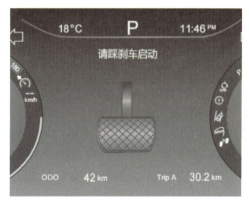

图 2-96　请踩制动踏板启动

按下启动停止按键时若未同时踩下制动踏板，组合仪表会提示驾驶人"请踩刹车（制动）启动"。

（2）钥匙备用启动功能

如果车辆处于强烈信号干扰区域时，或者智能钥匙电池电量不足时，若需按下启动停止按键启动车辆，需采用备用启动功能。

将智能钥匙放在带有紧急启动标识的杯托中，如图 2-97 所示，并按下启动停止按键，即可实现备用启动功能，可切换电源模式和启动车辆。

（3）一键启动动力系统

北京-EU5 在智能钥匙处于有效范围内时，方可启动动力系统，具有一键启动的车型其启动

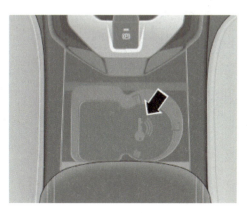

图 2-97　紧急启动标识

方法如下：

1）将制动踏板踩到底，并保持在该位置。

2）按下启动停止按键一次，即开启"RUN"模式，启动驱动电机。

在操作车辆启动过程中，要注意如下要求：

1）如果动力系统未能启动，需停止启动操作，并且等待5s后再次尝试启动。

2）车辆未停稳前切勿关闭启动停止按键，否则，车辆可能失控，引发严重伤亡事故。

3）动力系统进入启动状态后切勿将车辆置于无人看管的状态。

4）动力系统处于启动状态时制动助力器方能工作，故关闭动力系统启动状态后需用更大的力量踩踏制动踏板方能停住车辆。

5）动力系统处于启动状态时转向助力器方能工作，故关闭动力系统启动状态后转向时需用更大的力量转动转向盘。

（4）关闭动力系统

1）停稳车辆，踩住制动踏板，操作换档旋钮，将整车档位挂入"N"位或"P"位，开启电子驻车制动开关，此时才可以松开制动踏板。

2）松开制动踏板后，按下启动停止按键一次，动力系统关闭。

2．变换档位

（1）换档旋钮

换档旋钮的档位指示位于旋钮式电子换档面板上，如图2-98所示。整车上电后，其档位显示背景灯点亮。

1）换档旋钮面板上显示"P"位时，启动动力系统。

2）踩住制动踏板，切换整车档位至"D"或"S"，进入常规换档程序。

3）在坡道起步时，切换档位后，保持电子驻车制动开关开启，然后缓慢踩下加速踏板，车辆便能在坡道起步行驶。停车时，踩下制动踏板，车辆停稳后，切换档位至"P"档，"P"档指示灯点亮；拉起电子驻车制动开关，电子驻车制动开关指示灯点亮。

（2）档位显示

驾驶人进行档位操作时，车辆组合仪表中的行车电脑显示屏会显示车辆当前所在的档位，如图2-99所示。

图2-98　换档旋钮（中控台局部图）

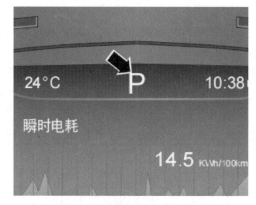

图2-99　显示屏显示当前档位信息

三、行驶模式切换

1. 前进档经济模式

踩下制动踏板，操作换档旋钮，将整车档位切换至"D"位，可开启前进档经济模式，如图 2-100 所示。

"D"位为经济驱动档位，当车辆切换至该档位时，驱动电机控制器通过限制功率来降低能耗。

"D"档相对"S"档驱动转矩响应速度减缓，最优化制动能量回收。

"D"档能实现延长整车续驶里程，其特点如下：

1）减缓驱动转矩响应。

2）限制功率。

3）降低加速踏板各开度下（不包含全加速踏板开度）的最大输出转矩。

4）"D"档和"S"档最高车速相同，加速踏板全开度下"D"档加速性能比"S"档弱。

2. 前进档运动模式

踩下制动踏板，操作换档旋钮，将整车档位切换至"D"档，然后按下"S"档，可开启前进档运动模式，如图 2-101 所示。

图 2-100　前进档经济模式"D"档

图 2-101　前进档运动模式"S"档

"S"档为运动驱动档位，当车辆处于该档位时，最优化整车动力性能表现，"S"档相对于"D"档制动能量回收强度较小。

四、能量回收设置

在新能源汽车制动或滑行时，车辆立即进入能量回收模式，通过驱动电机将车辆的一部分动能转化为电能，然后存储在动力蓄电池系统中。驾驶人可通过中控屏幕或按键对制动能量回收强度进行设置。

（1）中控屏幕设置方法

制动能量回收强度调节有三个档位可以设置，即 1、2、3 档（默认能量回收强度可在中控屏车辆设置内进行选择），如图 2-102 所示。相应的制动能量回收强度随设置的档位数

图 2-102 默认能量回收强度选项

字大小而增大或减小。最小为 1 档，其次 2 档，最大为 3 档。制动能量回收功能激活时，行车电脑显示屏指示灯"2"亮起（该指示灯为制动能量回收强度为 2 档的情况下，若在其他档位，相应的回收强度符号中间的数字会对应改变），系统进入制动能量回收模式。

组合仪表的制动能量回收强度档位显示不随"R""N""D""S"位切换或整车故障等进行变化或熄灭，其只代表了驾驶人对制动能量回收强度档位的设置结果。

制动能量回收强度档位的初始默认设置为 1 档。在启动停止按键位于"RUN"档时，系统会默认上一次动力系统关闭前驾驶人对制动能量回收强度的设置档位。当 ABS 起作用或电池可接受的回收功率小于一定值时，制动能量回收功能会暂时关闭，组合仪表指示灯点亮。

（2）按键调节方法

北京-EU5 制动能量回收强度调节按键有"B+"和"B-"两个按键，如图 2-103 所示，其功能如下：

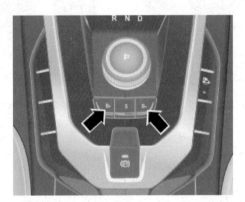

图 2-103 制动能量回收强度调节按键

1）"B+"表示制动能量回收强度增加，最大可调节为 3 档。

2）"B-"表示制动能量回收强度减小，最小可调节为 1 档。

3）档位处于"D"位时，制动能量回收强度可以在 1 档和 3 档之间调节。

但是涉及电动汽车动力蓄电池及电机故障、ABS 故障、动力蓄电池温度及 SOC、车速、路面状态等因素的变化，能量回收强度均可能受到削弱甚至关闭。

车辆滑行时，遇到颠簸、湿滑等不佳路面可能会出现能量回收的波动甚至削弱，此时需要驾驶人加深踩踏制动踏板，而不能全部依靠能量回收减速。

【实训任务五】　利用智能钥匙启动车辆

实训场地和器材

新能源汽车作业工位和举升机、新能源汽车整车、工作灯。

扫一扫 ➡ 遥控钥匙的使用

作业准备

1）检查举升机。

2）新能源汽车整车和防护三件套等 5S 操作。

操作步骤

1）停车入位，安装车辆驾驶舱防护三件套，如图 2-104 所示。

2）用智能钥匙解锁、锁止车门，检查钥匙遥控性能，如图 2-105 所示。

图 2-104　安装驾驶舱防护三件套

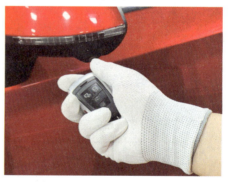

图 2-105　检查钥匙遥控性能

3）进入驾驶舱，查找一键启动按钮，如图 2-106 所示。利用遥控钥匙感应，通过一键

图 2-106　按压启动停止按键

启动功能启动车辆，观察仪表显示。

4）车辆启动后仪表亮起绿色"READY"准备起步指示灯，即可挂前进档"D"或倒档"R"起步，如图 2-107 所示。

图 2-107　绿色"READY"准备起步灯亮起

5）关闭启动开关，启动车辆操作结束。

竣工检验

整理、恢复作业场地。

实训任务总结

利用智能钥匙启动车辆	工作任务单	班级：
		姓名：

1. 车辆信息记录

品牌		整车型号		生产年月	
驱动电机型号		动力蓄电池电量		行驶里程	
车辆识别码					

2. 作业场地准备

检查设置隔离栏	□是　□否
检查设置安全警示牌	□是　□否
检查灭火器压力及有效期	□是　□否
安装车辆挡块	□是　□否

3. 记录操作过程

利用智能钥匙启动车辆		实习日期：		
姓名：	班级：	学号：	导师签名：	
自评：□熟练 □不熟练	互评：□熟练 □不熟练	师评：□合格 □不合格		
日期：	日期：	日期：		

利用智能钥匙启动车辆【评分细则】

序号	评分项	得分条件	分值	评分要求	自评	互评	师评
1	安全/5S/态度	□1. 能进行工位 5S 操作 □2. 能进行设备和工具安全检查 □3. 能进行车辆安全防护操作 □4. 能进行工具清洁、校准、存放操作 □5. 能进行"三不落地"操作	20	未完成1项扣4分	□熟练 □不熟练	□熟练 □不熟练	□合格 □不合格
2	专业技能	□1. 能正确检查钥匙的遥控性能 □2. 能正确查找到启动停止按键 □3. 能正确启动车辆 □4. 能正确说出车辆启动后仪表显示的信息	80	未完成1项扣20分	□熟练 □不熟练	□熟练 □不熟练	□合格 □不合格

总分：

任务四　车辆充电

【学习目标】

知识目标：

1) 理解新能源汽车充电系统技术特点。

2) 理解新能源汽车充电系统充电方式。

技能目标：

1) 能够识别充电设备。

2) 能够识别充电接口。

3) 能够操作充电设备进行充电操作。

素质目标：

1) 操作过程中互相学习，团队合作，探索新鲜事物。

2) 通过对充电方式的探索，从认知到掌握，提高自己的知识水平和实操能力。

【任务描述】

张鹏来到修理厂实习，师傅让他给新能源汽车充电，但他不知道充电设备在哪里，不知道如何充电，你能告诉他吗？

【相关知识】

一、慢速充电操作方法

1. 慢速充电设备

慢速充电可使用的充电设备有便携式充电连接装置（又叫充电宝、家用充电装置）、壁挂式充电桩和落地充电桩，如图 2-108 所示。

a) 便携式充电连接装置　　　　b) 壁挂式充电桩　　　　c) 落地充电桩

图 2-108　慢速充电设备

便携式充电连接装置是由一根双插头（电动汽车充电插头俗称充电枪）充电线和一个适配器配合使用，便携式充电连接装置配有 10A 和 16A 两种不同规格的插头，因此对于不同的最大电流最大充电功率也有 2.2kW 和 3.5kW 两种状态。双插头充电线的插头分为充电设备端插头和车辆端插头，在插头的正上方均画有相应的标识，如图 2-109 所示，而且设备端和车辆端的插头长度稍有区别。连接车辆端的充电插头颜色为蓝色，并贴有车辆图案标识；连接充电桩供电端的充电插头颜色为黑色，并贴有充电桩图案标识。

设备端　　　　　　　　　　　　车辆端

图 2-109　双插头充电线及标识

小知识："充电宝"

　　消费者在购买新能源汽车时，厂家会随车赠送一个家用便携式充电连接装置，它类似手机储能电源，所以又叫充电宝。但它和手机充电宝有本质区别。汽车充电宝仅仅是充电器的充电线，需要插在家用 220V 16A 插座上才能给汽车充电。

2．慢速充电操作流程

慢速充电操作有家用单向交流慢速充电和交流充电桩慢速充电两种方式。

（1）家用单向交流慢速充电

家用单向交流慢速充电使用便携式充电装置进行充电，充电操作步骤见实训内容。

便携式充电装置充电操作注意事项：

1）先连接电源，后连接车辆。

2）基础电源必须配置地线且线径符合规则，即与充电接口电流规格匹配，不允许私自添加临时地线。

3）禁止使用接线板。

4）电源插座至少应满足额定电流 16A 标准，电缆直径必须达到标准要求。

5）充电时不得将便携式充电装置置于车内。

充电时，要关注便携式充电装置指示灯的工作状态，如有故障，应停止充电。便携式充电装置指示灯状态见表 2-4。

（2）交流充电桩慢速充电

利用充电桩用交流充电线，将被充电车辆与车辆生产企业认可的交流充电桩按照操作说明可靠连接，经过插卡、输入密码、启动等一系列操作后，完成交流充电操作。

表 2-4　便携式充电装置指示灯状态

工作、故障状态	电源指示灯/蓝色	充电指示灯/蓝色	故障指示灯/红色			
			B	J	E	V
初始状态	常亮/ON	闪烁一下	闪烁一下	闪烁一下	闪烁一下	闪烁一下
等待充电模式	常亮/ON	灭	灭	灭	灭	灭
正常充电模式	常亮/ON	闪烁	灭	灭	灭	灭
充电完成	常亮/ON	灭	灭	灭	灭	灭
接地故障	常亮/ON	灭	常亮	灭	灭	灭
漏电故障	常亮/ON	灭	灭	常亮	灭	灭
短路故障	常亮/ON	灭	灭	灭	常亮	灭
过流故障	常亮/ON	灭	灭	灭	闪烁	灭
过/欠电压故障	常亮/ON	灭	灭	灭	灭	常亮
过热故障	常亮/ON	灭	灭	灭	灭	闪烁

充电操作步骤如下：

1）将车辆停至交流充电桩指定停车地点，启动停止按键位于"OFF"模式。

2）在驾驶人座椅左侧地板上有一个扣手，如图 2-110 所示，将扣手向上扳起，充电插座盖板打开。

3）交流充电插座位于车辆左后侧围处，打开交流充电插座防尘盖，如图 2-111 所示。

图 2-110　慢速充电插座开启扣手　　　　图 2-111　交流充电插座

4）注意充电线上的识别符号，标有车辆端的充电插头插入车辆端充电插座，标有设备端的供电插头插入供电设备端的供电插座。

5）连接好充电线并在充电桩上启动充电后，车辆端会自动锁止车辆端充电插头，避免非本车用户或儿童误操作拔出。

6）充电过程中，充电接口的指示模块会显示车辆充电状态，如图 2-112 所示。充电接口上的指示灯按照功能分类分为三组，从左至右依次为照明指示灯、电子锁状态指示灯和动力蓄电池电量指示灯。动力蓄电池电量指示灯为一组红/绿两色 LED 灯，根据动力蓄电池的剩余电量等级逐步点亮。目前，分为 3 个充电进度显示格。充电完成后，动力蓄电池电量指示灯熄灭。

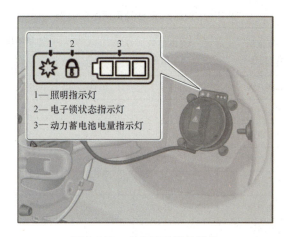

图 2-112　充电接口指示模块

正常充电时，动力蓄电池电量指示灯显示为绿色；遇到充电故障时，动力蓄电池电量指示灯显示为红色，3 个充电进度显示格根据发生故障时的蓄电池剩余电量状态进行红色显示，如图 2-113 所示。

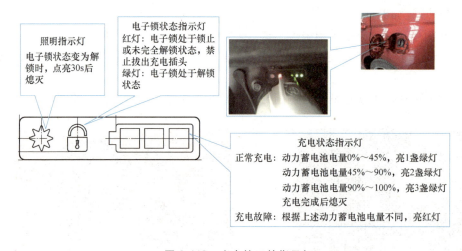

图 2-113　充电接口的指示灯

7）充电结束后，用户需要等待充电接口的电子锁指示灯变为绿色（或充电接口指示灯全部熄灭），方可拔出充电插头。

8）拔出充电插头后，请盖好充电插头的防尘盖，将充电设备放入专用的收纳箱中。

9）充电过程中，用户若有特殊需求且不便操作充电桩结算的前提下，可连续两次按下遥控钥匙上的解锁按钮来结束充电并且打开电子锁。在使用此功能时请注意充电口电子锁指示灯指示状态。

二、快速充电操作方法

1. 快速充电设备

快速充电设备就是直流充电桩，如图 2-114 所示。

充电插头

直流充电桩

充电连接电缆

图 2-114　快速充电设备

➡ 小知识：直流充电桩

在国家能源局发布的充电机相关的行业标准《NB/T 33001—2018：电动汽车非车载传导式充电机技术条件》中指出，充电机基本构成包括：功率单元、控制单元、计量单元、充电接口、供电接口及人机交互界面等。直流充电桩的功率单元是指直流充电模块，控制单元是指充电桩控制器。直流充电桩本身作为一种系统集成产品，除了直流充电模块和充电桩控制器这两个组件构成的充电桩技术核心之外，结构设计也是整桩可靠性设计的关键点之一。充电桩控制器属于嵌入式硬件和软件技术范畴，直流充电模块则代表了电力电子技术在 AC/DC（Alternating Current/Direct Current，交流/直流）领域的最高成就。

2. 快速充电操作

利用充电桩自带的充电线，将被充电车辆与车辆生产企业认可的直流充电桩按照操作说明可靠连接，经过插卡、输入密码、启动等一系列操作后，完成快速充电操作，操作步骤见实训内容。

（1）充电插头锁止功能

国家标准 GB/T 18487.1—2015《电动汽车传导充电系统　第 1 部分：通用要求》要求车载充电机最大供电电流大于 16A，车辆需具备交流充电插头电子锁功能。连接交流充电线，电子锁自动锁止，充电桩完成充电，电子锁自动解锁（不具备充电插头防盗功能）；如果具备充电插头防盗功能，则连续按两次遥控钥匙的解锁按钮，电子锁自动解锁。

中控台可设置是否开启充电插头防盗功能，出厂默认防盗功能开启，可记忆用户设置。充电插头防盗功能启动后，充满电后电子锁保持锁止，用户使用驾驶人车门处的中控锁按键解锁车辆或连续按两下遥控钥匙上的解锁按键即可解锁充电插头；若设置充电插头不开启防盗功能，则充电完成后，电子锁自动解锁。

（2）充电插头应急解锁

如果充电接口电子锁止机构故障，应先采用物理应急解锁方式，应急解锁步骤如下：

1）找到应急解锁拉线或解锁装置螺钉，拉动拉线或转动解锁装置螺钉即可解锁。

2）如物理应急解锁办法无法解锁，应检修相关部件。切勿尝试暴力拔枪或类似操作，防止产品损坏。

【实训任务六】 车辆充电场景模拟

实训任务 6-1 使用便携式充电连接装置 给新能源汽车充电

实训场地和器材

新能源汽车作业工位、新能源汽车整车、便携式充电连接装置、连接线、16A 插座。

作业准备

1）找到便携式充电连接装置。

2）找到 16A 插座，即常见家用插座。

3）整车和防护三件套等 5S 操作。

操作步骤

1）车辆启动停止按键位于"OFF"模式。

2）在驾驶人座椅左侧地板上有一个扣手，将扣手向上扳起，充电插座盖板打开。

3）交流充电插座，位于车辆左后侧围处，打开交流充电插座防尘盖。

4）按照图 2-115 所示的步骤进行电源连接和插入充电插头进行充电操作。

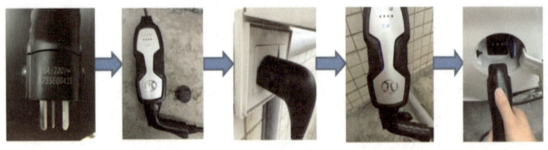

第一步，选择合适相对应的10A或16A转换三插头　第二步，进行充电插头与控制盒盒体之间的连接，选择正确一端连接　第三步，将选配的转换三插头插入相对应的插座孔(墙插或排插)　第四步，通电后检查控制盒本身左侧蓝色电源灯是否常亮　第五步，无其他异常后将充电插头车辆端与电动汽车车辆端充电插座进行连接

图 2-115 充电操作步骤

5）充电完成后，按照图 2-116 所示的步骤进行拔出插头操作。

第一步，按住充电插　　　第二步，安全平稳拔出　　　第三步，观察控制盒　　　第四步，拔掉电源转换
头锁止键开关3s　　　　　充电插头断开与车辆之　　　本身只有左侧蓝色电　　　三插头，最后收好设备，
　　　　　　　　　　　　间的连接　　　　　　　　源指示灯常亮　　　　　　本次充电完成

图 2-116　拔出充电插头操作步骤

竣工检验

整理、恢复作业场地。

实训任务总结

使用便携式充电连接装置 给新能源汽车充电	工 作 任 务 单	班级： 姓名：

1. 车辆信息记录

品牌		整车型号		生产年月	
驱动电机型号		动力蓄电池电量		行驶里程	
车辆识别码					

2. 作业场地准备

检查设置隔离栏	□是　□否
检查设置安全警示牌	□是　□否
检查灭火器压力及有效期	□是　□否
安装车辆挡块	□是　□否

3. 记录操作过程

使用便携式充电连接装置给新能源汽车充电		实习日期：	
姓名：	班级：	学号：	导师签名：
自评：□熟练 □不熟练	互评：□熟练 □不熟练	师评：□合格 □不合格	
日期：	日期：	日期：	

使用便携式充电连接装置给新能源汽车充电【评分细则】

序号	评分项	得分条件	分值	评分要求	自评	互评	师评
1	安全/5S/态度	□1. 能进行工位 5S 操作 □2. 能进行设备和工具安全检查 □3. 能进行车辆安全防护操作 □4. 能进行工具清洁、校准、存放操作 □5. 能进行"三不落地"操作	25	未完成1项扣5分	□熟练 □不熟练	□熟练 □不熟练	□合格 □不合格
2	专业技能	□1. 能正确打开交流充电插座盖； □2. 能正确把充电插头与便携式充电连接装置端连接好 □3. 能正确把便携式充电连接装置转换三插头插入 16A 电源插座 □4. 能正确把与车辆端连接的充电插头插入交流充电插座 □5. 充满电后，能正确拔出充电插头 □6. 能正确拔掉电源转换三插头	60	未完成1项扣10分	□熟练 □不熟练	□熟练 □不熟练	□合格 □不合格
3	工具及设备的使用能力	□1. 能够正确使用便携式充电连接装置 □2. 能正确使用 16A 插座	15	未完成1项扣8分，扣分不得超过15分	□熟练 □不熟练	□熟练 □不熟练	□合格 □不合格

总分：

实训任务 6-2 使用直流充电桩给新能源汽车充电

实训器材

新能源汽车作业工位、新能源汽车整车、直流充电桩、手机。

扫一扫

车辆快充
操作

作业准备

1）查找直流充电桩，如图 2-117 所示。

2）检查手机，下载充电 App "北汽特来电" App，如图 2-118 所示。

图 2-117 直流充电桩

图 2-118 "北汽特来电" App

3）整车和防护三件套等 5S 操作。

操作步骤

1）将车辆停至直流充电桩指定停车地点，确认整车档位位于 "P" 位且电子驻车制动器拉起。

2）打开车辆直流充电插座盖。直流充电插座安装在车前格栅车标处，按压并松开直流充电插座盖，充电插座盖将自动弹开。

3）解锁直流充电插座防尘盖锁止装置，直流充电插座防尘盖会自动弹开，如图 2-119 所示。

图 2-119 直流充电插座防尘盖

4）把直流充电桩的充电插头从充电桩中取出来，如图 2-120 所示。取出充电插头时，需要注意向下按压位于插头把手上部的金属片按钮，才能把插头取出来。

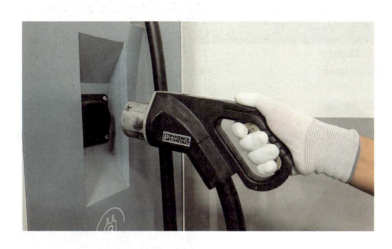

图 2-120　按下按钮取下充电插头

5）将充电插头以向下压的角度，按压住插头把手上部的金属片按钮，插入直流充电插座，如图 2-121 所示。

图 2-121　把直流充电插头插入充电插座

6）拿出手机，打开"北汽特来电"App，并点击左下角的"充电"按键进入扫码界面，如图 2-122 所示。"北汽特来电"的二维码一般在充电桩的正面，编号和名称一应俱全，扫码即可。

7）扫码成功后，点击"立即充电"会弹出如图 2-123 右侧所示的确认弹窗，点击"确定"即可正式开始充电。充电成功后，车内的行车电脑显示屏会实时显示充电情况，电流、电压、电量及充电类型等一应俱全，如图 2-124 所示。

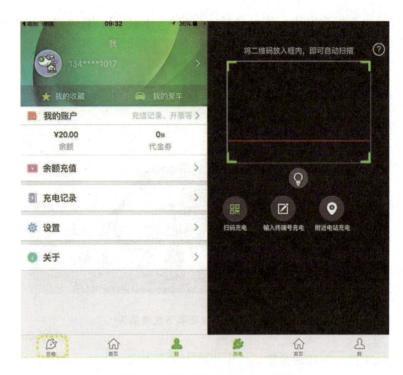

图 2-122 "北汽特来电" App 界面

图 2-123 确认充电界面

图 2-124　仪表板行车电脑显示屏显示界面

8）当需要结束充电时，如图 2-125 所示，只需要点击"北汽特来电"App 充电界面左图的"停止充电"图标，再点击右图之中的"确定"即可结束充电。

图 2-125　结束充电界面

9）充电结束之后，需要将充电插头拔出，放回充电桩上。拔插头时，同样需要按住插头把手上部的金属片按钮，如图 2-126 所示。拔出充电插头之后，要把充电插座的两个保护盖盖好。

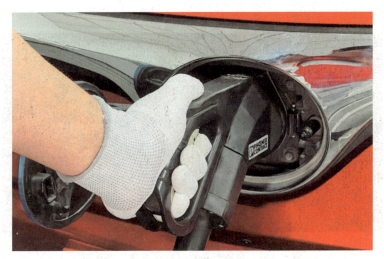

图 2-126　拔出充电插头

竣工检验

整理、恢复作业场地。

实训任务总结

_____

_____

_____

_____

_____

_____

_____

_____

_____

_____

_____

_____

_____

_____

_____

_____

_____

_____

_____

使用直流充电桩给新能源汽车充电	工 作 任 务 单	班级：
		姓名：

1. 车辆信息记录

品牌		整车型号		生产年月	
驱动电机型号		动力蓄电池电量		行驶里程	
车辆识别码					

2. 作业场地准备

检查设置隔离栏	□是　□否
检查设置安全警示牌	□是　□否
检查灭火器压力及有效期	□是　□否
安装车辆挡块	□是　□否

3. 记录操作过程

项目二

扫一扫

项目二习题

使用直流充电桩给新能源汽车充电		实习日期：	
姓名：	班级：	学号：	导师签名：
自评:□熟练 □不熟练	互评:□熟练 □不熟练	师评:□合格 □不合格	
日期：	日期：	日期：	

使用直流充电桩给新能源汽车充电【评分细则】

序号	评分项	得分条件	分值	评分要求	自评	互评	师评
1	安全/ 5S/态度	□1. 能进行工位 5S 操作 □2. 能进行设备和工具安全检查 □3. 能进行车辆安全防护操作 □4. 能进行工具清洁、校准、存放操作 □5. 能进行"三不落地"操作	15	未完成 1 项扣 3 分	□熟练 □不熟练	□熟练 □不熟练	□合格 □不合格
2	专业技能	□1. 能正确把直流充电插座盖打开 □2. 能正确把直流充电插头从充电桩上取下 □3. 能正确把直流充电插头插入直流充电插座 □4. 能正确使用手机打开充电 App,进入"确认充电界面" □5. 能正确在"确认充电界面"点击"立即充电"并确认进行充电 □6. 充电结束后,能正确点击"停止充电"结束充电 □7. 能正确拔下充电插头 □8. 能正确把充电插头插回充电桩	75	未完成 1 项扣 10 分,扣分不得超过 75 分	□熟练 □不熟练	□熟练 □不熟练	□合格 □不合格
3	工具及设备的使用能力	□1. 能够正确使用直流充电桩 □2. 能正确使用充电 App	10	未完成 1 项扣 5 分	□熟练 □不熟练	□熟练 □不熟练	□合格 □不合格

总分：

项目三
高压电安全防护

任务一　高压电防护和用具的使用

【学习目标】

知识目标：

1）理解高压电的定义。

2）熟知高压电的危险性。

3）熟知高压电对人体的影响。

4）熟知维修中个人安全防护用具有哪些。

技能目标：

1）能够对个人安全防护用具的有效性进行检测。

2）能够对高压电操作场地进行布置。

素质目标：

1）操作过程中互相学习，团队合作，探索新鲜事物。

2）通过对个人安全防护用具及高压电操作场地的探索，从认知到掌握，提高自己的知识水平和实操能力。

【任务描述】

李乐来到4S店的维修车间进行实习，你能给他讲解一下什么是高压电、高压电对人体的影响、在进行新能源汽车维修时高压电操作场地怎么进行布置、个人安全防护用具怎样进行有效性检测吗？

【相关知识】

一、高压电定义及对人体的影响

1. 新能源汽车中的高压电

新能源汽车相对于传统燃油汽车有一个非常明显的特点，就是它的动力系统是由"高"

压电来提供和传递能量的，在乘用车上，其最高电压可达 600V 以上，虽然这远未达到传统工业中高压电的电压等级，但与传统燃油汽车电气系统中的电压等级相比，已经是可以对人体造成伤害的"高压电"了。

国家标准 GB 26860—2011《电力安全工作规程　发电厂和变电站电气部分》中规定，低［电］压指用于配电的交流系统中 1000V 及其以下的电压等级；高［电］压通常指超过低压的电压等级，特殊情况下，指电力系统中输电的电压等级。

国家标准 GB/T 2900.50—2008《电工术语　发电、输电及配电　通用术语》中规定，高压直流是指电力系统中直流 ±800kV 以下的电压等级；特高压直流是指电力系统中直流 ±800kV 及以上的电压等级。一般认为 1500V 以上的直流电就属于高压直流电。

国家标准 GB 18384—2020《电动汽车 安全要求 第 3 部分》中规定："对于相互传导连接的 A 级电压电路和 B 级电压电路，当电路中直流带电部分的一极与电平台相连，且其任一带电部分与这一极的最大电压值不大于 30V（a.c.）（rms）且不大于 60V（d.c.），则该传导连接电路不完全属于 B 级电压电路，只有以 B 级电压运行的部分才被认定为 B 级电压电路。"新能源汽车中电压等级划分及应用范围见表 3-1。

表 3-1　新能源汽车中电压等级划分及应用范围

电压等级	最大工作电压(直流)	最大工作电压(交流)	应用范围
A	$0V<U\leqslant 60V$	$0V<U\leqslant 30V$	辅助电气系统、灯光、控制单元、音频设备
B	$60V<U\leqslant 1500V$	$30V<U\leqslant 1000V$	用于驱动车辆的电气系统、蓄电池、电机、电压转换器

高电压警告标记。B 级电压的电能存储系统，如车载可充电储能系统（Rechargeable Energy Storate System，REESS）和燃料电池堆，应标记如图 3-1 所示符号。按照 GB 2893《图形符号　安全色和安全标志》、GB 2894—2008《安全标志及其使用导则》和 GB/T 5465.2—2008《电气设备用图形符号　第 2 部分：图形符号》的规定，符号的底色为黄色，边框和箭头为黑色。

当移开遮栏或外壳可以露出 B 级电压带电部分时，遮栏或外壳上也应有同样的符号清晰可见。当评估是否需要此符号时，应当考虑遮栏或外壳可进入和可移开的情况。

B 级电压电路中电缆和线束的外皮应用橙色加以区别，外壳里面或遮栏后面的除外。B 级电压插接器可通过与之连接的线束来区分。

图 3-1　高电压警告标记

B 级电压对人体会产生伤害，被认为是高电压。在该电压下必须采取必要的防护设备对维护人员进行保护。

2. 高压电对人体的影响

人碰到带电的导线，电流通过人体就叫触电。触电会对人体和内部组织造成不同程度的损伤。触电时，让人体受伤的是电流而不是电压。电流对人体的伤害有三种：电击、电伤和电磁场生理伤害。

电击指电流通过人体，破坏人体心脏、肺及神经系统的正常功能。电流低于导通限值时，会有相应的电击反应，从而容易因肢体不受控制和失去平衡而导致受伤。电流导入导出点处会发生烧伤和焦化，也会发生内部烧伤。结果是导致肾脏负荷过大，甚至造成致命的伤害。血液和细胞液成为电解液并被电解。结果发生严重的中毒，中毒情况在几天后才能被发现，因此伤害极大。所有的身体功能和人体肌肉运动都是由大脑通过神经系统的电刺激来控制的。如果通过人体的电流过高，则肌肉开始抽搐，大脑再也无法控制肌肉组织。例如，握紧的拳头再也无法打开或者移动。如果电流经过了胸腔，肺会产生痉挛（呼吸停止），心脏的跳动节奏会被中断（心室纤维化颤动，无法进行心脏的收缩扩张运动）。短时间的电击会使肌肉松弛，从而导致跌落事故。

电伤指电流的热效应、化学效应和机械效应对人体的伤害，主要是指电弧烧伤、熔化金属溅出烫伤等。当用开关断开电器时，如果电路电压不低于 10V，电流不小于80mA，开关的触头间便会产生电弧。直流电弧要比交流电弧难以熄灭。电弧对人体的伤害主要由于以下原因：电弧可引起电击；电弧可产生高温，电弧的温度分三段，阴极温度 3200℃，阳极温度 4000℃，弧柱温度高达 5000～8000℃，最高可达到20000℃；电弧可以造成火星四溅，如图 3-2 所示，可能灼烧眼睛或身体；当电弧发生时的躲闪反应，可能会导致跌落事故。

电击与电伤的区别：电击是低压触电出现的，是内伤，对人体器官、神经系统造成伤害；电伤是高压触电出现的，是外伤，对人体皮肤及皮肤内造成伤害。

电磁场生理伤害指在高频磁场的作用下，人会出现头晕、乏力、记忆力减退、失眠、多梦等神经系统的症状。

（1）电击电流的大小及危害

电击是由于电流流过人体而造成的。电流流过人体时，对人体造成的伤害程度跟很多因素都

图 3-2　电弧造成火星四溅

有关，比如个体的体质、心情状况、电流的大小、持续时间等。当人体通过大约 0.6mA 的电流时就会引起人体麻刺的感觉；通过 50mA 以上的电流时就会有生命危险。

一般人体流过不同的电流后身体的反应情况见表 3-2。

表 3-2　人体流过不同的电流后身体的反应情况

流过人体的电流	人体的反应
0.6~1.5mA	手指开始感觉发麻
2~3mA	手指感受到强烈发麻
5~7mA	手指肌肉感觉痉挛，手指感觉灼热和刺痛
8~10mA	手指关节与手掌感觉疼痛，手已难以脱离电源
20~25mA	手指感觉剧痛，迅速麻痹，不能摆脱电源，呼吸困难
50~80mA	呼吸麻痹，心房开始震颤、强烈灼痛，呼吸困难
90~100mA	呼吸麻痹，持续3s或更长时间后，心脏停搏或心房停止跳动

（2）电流流过人体的路径

电流通过头部可使人昏迷；通过脊髓可能导致瘫痪；通过心脏会造成心跳停止，血液循环中断；通过呼吸系统会造成窒息。因此，从左手到胸部是最危险的电流路径，从手到手、从手到脚也是很危险的电流路径，从脚到脚是危险性较小的电流路径。电流由一手进入，另一手或一足流出，电流通过心脏，即可立即引起室颤，如图 3-3 所示。通过左手触电比通过右手触电严重，因为这时心脏、肺部、脊髓等重要器官都处于电路内。

（3）摆脱电流

人在触电后能够自行摆脱带电体的最大电流为摆脱电流。成年男性平均摆脱电流约为 16mA；成年女性平均摆脱电流约为 10.5mA；儿童的摆脱电流较成人要小。摆脱电流是人体可以忍受而一般不会造成危险的电流。若通过人体的电流超过摆脱电流且时间过长，会造成昏迷、窒息，甚至死亡。

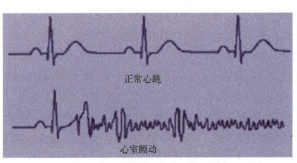

图 3-3　正常心跳与心室颤动

（4）致命电流

在短时间内危及生命的最小电流为致命电流，其最小电流即致命阈值。致命电流与电流持续时间关系密切。当电流持续时间超过心动周期时，致命电流仅为 50mA 左右；当电流持续时间短于心动周期时，致命电流为数百毫安。

通过人体的电流所引发的后果取决于：接触位置电压的强度、流动的电流强度、电流的持续时间、电流的路径、电流的频率。高压交流电流强度对人体随时间的伤害如图 3-4 所示。在区域①，通常观察不到影响；在区域②会出现心血管系统问题；在区域③，电流强度可能会造成呼吸困难，无法再松开他所抓握的物体，出现心脏心室纤维性颤动和临时心脏骤停；在区域④，发生心脏心室纤维性颤动。电流强度为 350mA 或更高时有死亡风险，会发生窒息（呼吸暂停）和重度烧伤。高压直流电流强度对人体随时间的伤害如图 3-5 所示。在区域 1，通常观察不到影响；在区域②，通常不会出现有害生理影响；在区域③，可能会出现心脏骤停、死亡风险；在区域④，可能会造成重度烧伤，而且发生心脏心室纤维性颤动的可能性非常大，有死亡风险。

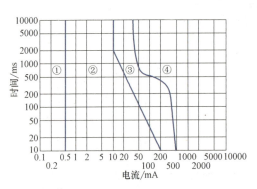

图 3-4　高压交流电流强度对人体随时间的伤害

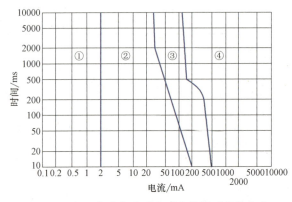

图 3-5　高压直流电流强度对人体随时间的伤害

工频交流电的危害性大于直流电，因为交流电主要是麻痹破坏神经系统，往往难以自主摆脱。一般认为 40~60Hz 的交流电对人最危险。随着频率的增加，危险性将降低。当电源频率大于 2000Hz 时，所产生的伤害明显减小，但高压高频电流对人体仍然是十分危险的。对于交流电，如果电流在心脏的滞留时间达到 10~15ms，就会致命（心室纤维化颤动）！

电流的类型不同对人体的损伤也不同。直流电一般引起电伤，而交流电则电伤与电击同时发生。

（5）安全电压

虽然电流是让人受伤的罪魁祸首，但人体可等效成一个电阻，根据欧姆定律（$I=U/R$）可知，流经人体电流的大小与外加电压和人体的电阻有关。

影响人体电阻的因素很多，通常流经人体电流的大小无法事先计算出来。因此，为确定安全条件，往往不采用安全电流，而是采用安全电压来进行估算。

根据 GB 4943.1—2011《信息技术设备　安全　第 1 部分：通用要求》（等效于 EN 60950 或 IEC 60950）规定："在干燥的条件下，相当于人的一只手的接触面积上，峰值电压高达交流 42.4V 或直流电压高达 60V 的稳态电压，一般不认为是危险电压。"即危险电压大于交流 42.4V 或直流 60V，安全电压不大于交流 42.4V 或直流 60V。

（6）人体电阻

人体电阻是不确定的，皮肤干燥时一般为几千欧姆左右，而一旦潮湿可降到 1kΩ（冬季及皮肤干燥时，人体电阻可达 1.5~7kΩ；皮肤裂开或破损时，电阻可降至 300~500Ω）。人体不同部位的电阻如图 3-6 所示。人体不同，对电流的敏感程度也不一样，一般来说，儿童较成年人敏感，女性较男性敏感。患有心脏病者，触电后的死亡可能性更大。身体越强健，受电流伤害的程度越轻。因此，触电时女性比男性受伤害更重；儿童比成人更危险；患病的人比健康的人遭受电击的危险性更大。

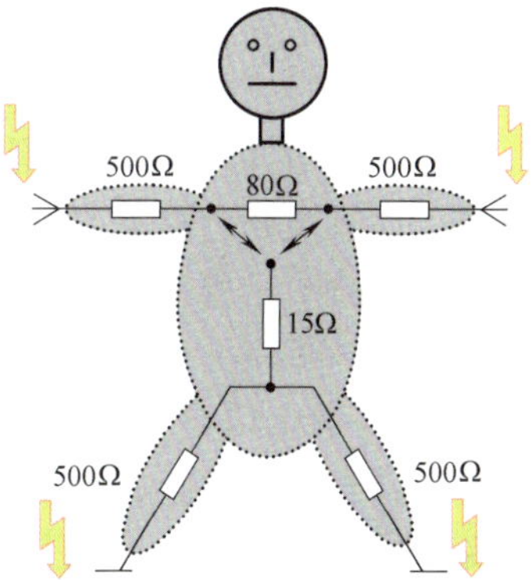

图 3-6　人体不同部位的电阻

二、防护用具的识别

在电力生产工作中，无论是设备安装、运行操作还是检修工作，为了保障工作人员的人身安全，顺利地完成工作任务，必须使用相应的安全防护用具。

虽然目前的新能源汽车都很完善地设计有防止意外触电的功能，但事故车辆以及高压动力蓄电池组总成还是会存在高电压，因此，新能源汽车维修人员必须做好防止被高压电击伤的安全防护，个人安全防护用具主要有绝缘手套、绝缘鞋、护目镜、绝缘安全帽、防静电服。

1. 绝缘手套

绝缘手套通常是由天然橡胶或合成橡胶经压片、模压、硫化或浸模成型的五指手套，是在高压电气设备上进行带电作业时，起电气绝缘作用的一种手套，如图 3-7 所示。绝缘手套区别于一般劳动保护用安全防护手套，可防电、防水、耐酸碱、防化、防油，具有良好的电气性能、较高的机械性能，并具有良好的使用性能。绝缘手套的防护等级取决于手套的耐受电压，耐受电压值通常会标注在手套上。新能源汽车行业中使用的绝缘手套的绝缘等级应为

1000V/300A 以上，用于拆除及安装高电压部件。

2. 绝缘鞋

绝缘鞋如图 3-8 所示，其作用是使人体与地面绝缘，防止电流通过人体与大地之间构成通路，对人体造成电击伤害，降低触电的可能性。它还能防止跨步电压对人体产生危害，因此，进行电气作业时不仅要戴绝缘手套，还要穿绝缘鞋。绝缘鞋应具有透气性能好、防静电、耐磨和防滑等功能。在实际工作中，复合功能的安全鞋较为多见，如防砸绝缘、防砸防静电、防砸耐酸碱、防砸耐油和防砸耐高温等。绝缘鞋适宜在交流 50Hz、1000V 以下或直流 1500V 以下的电力设备上工作时，作为辅助安全用具和劳动防护用品穿着。新能源汽车行业中在拆除及安装高电压部件时需要穿绝缘鞋。

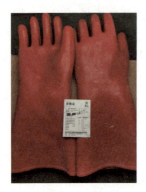

图 3-7　绝缘手套　　　　　　　　　　图 3-8　绝缘鞋

3. 护目镜

护目镜如图 3-9 所示，它能防止眼部受到撞击。除了正面防护眼睛外，应该具有侧面防护功能，防止维修过程中产生的电火花，以及动力蓄电池的电解液对眼睛的伤害。在新能源汽车行业中技术员都必须佩戴相应标准的带侧护板的护目镜。

4. 绝缘安全帽

绝缘安全帽在防止头部触电的同时还可避免人的头部受坠落物及其他特定因素的伤害。它由帽壳、帽衬、下颌带和附件组成，如图 3-10 所示。在新能源汽车举升工位下进行作业时，技术人员必须佩戴相应标准的绝缘安全帽。绝缘安全帽具有冲击吸能性能、耐穿刺性能、侧向刚性、电绝缘性和阻燃性等。

图 3-9　护目镜

5. 防静电服

防静电服如图 3-11 所示。穿着防静电服可以提供额外的安全防护。触电通常都与燃烧联系在一起，因此维修高电压设备时建议穿着防静电服。

防静电服由专用防静电洁净面料制作。该面料采用专用涤纶长丝，经向或纬向嵌织导电纤维。它具有高效、永久的防静电、防尘性能，以及薄滑、织纹清晰的特点。在制作成衣过程中采用专用包缝机械，可有效减少微粒的产生。无尘粘扣带避免了因掉毛污染环境。根据

图 3-10　绝缘安全帽

级别要求提供不同款式，并采用导电纤维缝制，使服装各部分保持电气连续性。袖管、裤管为特有的双层结构，内层使用导电或防静电罗纹布，从而满足高级别无尘环境的要求。

棉布材料适合在维修高电压设备时穿着，穿合成纤维制成的衣服可能导致皮肤烧伤，因为这类材料在高温时会熔化。地面潮湿、作业场地附近散落有碎片及照明条件不好时都有潜在的触电危险。在维修高电压设备时千万不能单独作业，且必须提醒其他技术人员注意。一定要切断高压电源，在无人照看时绝不能让高压电源裸露在外。

图 3-11　防静电服

三、防护用具的有效性检测与使用

1. 绝缘手套的有效性检测与使用

（1）绝缘手套的有效性检测

绝缘手套在使用过程中易受割伤、磨损、高温和化学劣化的影响，这些因素将导致手套永久失效。技术人员应在每次使用绝缘手套前检查其是否受损。

另外，需要确认绝缘手套的绝缘等级为 1000V/300A 以上，并且确认绝缘手套在有效使用期限内。

根据国家规定，绝缘手套必须由规范的检测机构进行定期质量检测，绝缘手套投入使用后必须每 6 个月进行一次质量检测。若绝缘手套还未使用，则必须在购买后 12 个月内进行检测，并在此后每 6 个月进行一次检测。绝缘手套通过检测后，在袖口上标注最新一次的检测日期。若袖口标签上方未标注检测日期，则绝缘手套必须送去进行检测，证明合格并标注最近一次检测日期后方可使用。

（2）绝缘手套的使用注意事项

绝缘手套是作业时使用的辅助绝缘安全用具，需与基本绝缘安全工具配套使用。在 400V 以下带电设备上直接用于不停电作业时，在满足人体安全距离的前提下，不允许超过绝缘手套的标称电压等级使用。

在边缘锋利的高电压部件附近作业，或搬举、移动某些高电压部件时，技术人员应戴上绝缘手套。很多手套制造商同时也会提供皮革防护套，如图 3-12 所示，用来套在绝缘手套外面以防止其破损。

2. 绝缘鞋的有效性检测与使用

（1）绝缘鞋的有效性检测

绝缘鞋在使用过程中有可能受潮、表面变脏、靴底被扎伤、底部花纹磨损严重、超出有效期使用期限，因此技术人员应在每次使用前对其进行有效性检测。

（2）绝缘鞋的使用注意事项

工作人员使用绝缘鞋，并配合基本安全用具，可避免跨步电压所引起的电击。经预防性检测的绝缘鞋的耐受电压和泄漏电流值应符合标准要求，每次预防性检测结果有效期不超过

图 3-12　皮革防护套

6 个月。绝缘鞋的贮存期为 24 个月，超过 24 个月的产品需逐只进行预防性电性能检测，检测合格后方能作为绝缘鞋使用。

3. 护目镜的有效性检测与使用

（1）护目镜的有效性检测

护目镜在使用过程中有可能出现镜片松动、镜片磨损、镜片上有伤痕、纹理、气泡和异物等情况，这些情况都会导致戴上护目镜后影像模糊不清。因此，护目镜在使用前应进行有效性检测。

（2）护目镜的使用注意事项

护目镜在使用时有以下注意事项：

1）选用经检测机构检测合格的产品。

2）护目镜的宽窄和大小要适合使用者的脸型。

3）镜片磨损粗糙、镜架损坏，会影响操作人员的视力，应及时调换。

4）要专人使用，防止传染眼病。

5）防止重摔重压，防止坚硬的物体摩擦镜片和面罩。

4. 绝缘安全帽的有效性检测与使用

（1）绝缘安全帽的有效性检测

绝缘安全帽在使用过程中有可能出现掉落、碰伤、磨损、配件破损、松动等情况，这些情况都会导致绝缘安全帽丧失其应有的功能。因此，绝缘安全帽在使用前应进行有效性检测。

（2）绝缘安全帽的使用注意事项

绝缘安全帽的佩戴如图 3-13 所示，要符合标准，使用要符合规定。如果佩戴和使用不正确，则起不到充分的防护作用。

5. 防静电服的有效性检测与使用

（1）防静电服的有效性检测

防静电服在使用过程中有可能出现破损、开线、霉变、导电纤维损毁、超出使用年限等情况，这些情况都会导致防静电服丧失其应有的功能。因此，防静

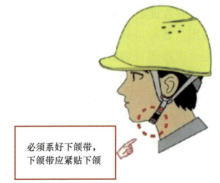

必须系好下颌带，下颌带应紧贴下颌

图 3-13　绝缘安全帽的正确佩戴

电服在使用前应进行有效性检测。

（2）防静电服的使用注意事项

在使用防静电服时，禁止在防静电服上加装附件、佩戴任何金属物件，禁止在易燃易爆的场所穿脱。

四、高压电操作场地防护用品的识别与使用

在对新能源汽车进行高电压作业时除了需要配备个人安全防护用具外，还需要对操作场地进行防护，并使用绝缘工具。操作场地需要用到的防护用品有警示牌、隔离桩、安全锁和绝缘垫。

1. 高电压警告标记和警示牌

高电压警告标记和警示牌如图 3-1 所示。该警示牌表示当心触电，其背景色为黄色，图形符号为黑色，三角形条带为黑色，安全色黄色应至少覆盖标志总面积的 50%。警示牌应放置在地面或车辆附近明显位置。高压电操作场地除设置警告标记外还应放置警示牌，警示牌实物如图 3-14 所示。

2. 隔离桩

隔离桩如图 3-15 所示，用于警示和防止无关人员进入维修工位。隔离桩应将维修工位的四周围起来。

图 3-14　警示牌　　　　　　　　　　图 3-15　隔离桩

3. 安全锁

安全锁如图 3-16 所示，用于锁住高电压安全插头，防止高电压系统被其他人员重新接通。钥匙必须小心保管好（例如放在维修人员自己裤子的口袋里），确保其他人员无法拿到钥匙，直至工作结束。

4. 绝缘垫

由于新能源汽车维修工位的电源属于高压电，虽然配备有个人安全防护用具，但还是存

在触电的隐患。在维修工位铺设绝缘垫可以大大降低风险，消除隐患，是维修人员安全的最后一道防线。绝缘垫如图 3-17 所示。

图 3-16　安全锁

图 3-17　绝缘垫

　　新能源汽车维修工位铺设的绝缘垫建议采用绿色，对应新能源的绿色，可以有效地与传统汽车的维修工位进行区分。如果有条件，可以选择防滑绿色条纹绝缘垫，因为新能源汽车维修离不开各种油和水，所以维修车间地面往往都比较滑，容易引发跌倒摔伤。在新能源汽车维修工位上，滑倒后有可能造成触电事故。因此，在预算充足的情况下选择绿色防滑的绝缘垫是不错的选择。绝缘垫的厚度一般选择 5mm 或 8mm，3mm 虽然也能达到对应的耐受电压要求，但是相对来说比较薄，不是特别合适。另外，绝缘垫应具有弹性、耐磨性、一定的耐油污性能，不能有较大的刺激性气味。

5. 绝缘工具

　　在对新能源汽车进行维修时，如果需要拆除或安装高电压部件，考虑到高电压安全，使用的工具必须为绝缘工具。与传统普通型工具相比，专用绝缘工具的绝缘面积大，除了与零部件接触点没有绝缘外，其他部位均进行了相应绝缘处理，一般绝缘层使用红黄两色进行标识。绝缘防护胶柄等均使用耐高电压、耐燃材料制作，同时具有防滑功能。一些典型的绝缘工具如图 3-18 所示。

图 3-18　典型的绝缘工具

🔶 你知道吗?

　　尼古拉·特斯拉，塞尔维亚裔美籍发明家、机械工程师、电气工程师。他被认为是电力商业化的重要推动者之一，并因主持设计了现代交流电系统而广为人知。特斯拉在电磁场领域有着多项革命性的发明，他的多项相关专利以及电磁学的理论研究工作是现代无线通信和无线电的基石。特斯拉纪录片中关于其制造人造闪电等实验的报道，可以使学生认识到电是可以被人科学利用和掌握的。另外，特斯拉一生对科学的追求、人格品质和奋斗精神等都是值得学习的。

🔶 课堂讨论

　　同学们，不安全用电的危害非常大，但不能因为电的危险性而一味恐惧用电，尤其是新能源汽车专业的学生，必须懂得电也是有规律的，科学合理地用电，按规定做好安全防护措施，电就不但不会伤害人，而且可以为人所用。特斯拉的案例正是这个道理的一个最有力的证明，通过此案例可以使同学们对电不恐惧，同时懂得科学合理用电，培养同学们讲科学的精神。请同学们分享一下各自收集的与电有关的科学家的故事。

【实训任务七】　个人高压电防护用具的检查与使用、高压电操作场地的布置与识别

实训场地和器材

新能源汽车作业工位、绝缘手套、绝缘鞋、绝缘安全帽、护目镜、防静电服、绝缘工具、安全锁、隔离桩、警示牌、绝缘垫、灭火器、车辆挡块、绝缘电阻测试仪。

作业准备

1）检查举升机，举升机实物如图 3-19 所示。

图 3-19　举升机实物

2）个人高压电防护用具以及相关警告标志准备到位。

操作步骤

扫一扫 → 个人防护装备的检查与使用

扫一扫 → 绝缘检测仪的使用

扫一扫 → 识别新能源汽车维修工位及绝缘工具

1）检查绝缘手套，绝缘手套的检查分为目视检查和充气检查。

① 目视检查。使用绝缘手套前，技术人员应对每副手套进行仔细检查，查看绝缘手套是否存在裂纹、裂缝或褪色等物理损坏，并将绝缘手套内面也彻底翻出，以便清楚观察到手套的全部表面。绝缘手套表面必须平滑，内外面应无针孔、疵点、裂纹、砂眼、杂质、修剪损伤和夹紧痕迹等各种明显缺陷，以及明显的波纹及铸模痕迹。此外，不允许有染料污染痕迹。

② 充气检查。完成一次彻底的外观检查后，技术人员应对绝缘手套进行充气检查，将每副手套从手套袖口处开始快速卷起，使其手指和手掌部分充气鼓起，如图 3-20 所示。

在进行充气检查时，技术人员应按照以下步骤操作，如图 3-21 所示。

a）捏紧手套的袖口处以封住空气。

b）将手套的袖口紧密地向手套指尖方向卷起，仍然捏紧卷起的部分。

c）确保手套的手掌区域和指尖区域因空气挤压充入而鼓起。

d）确保手套在鼓起后保持充气压力，不漏气，掰开手套指缝间观察，细听有无漏气声。

e）若手套未膨胀鼓起，则定位漏气点。

图 3-20　绝缘手套充气检查

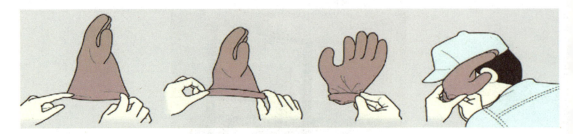

图 3-21　绝缘手套是否漏气检查方法

若手套无法充气或充气后漏气，则技术人员必须找到漏气部位。每次使用后，技术人员都应对手套进行检查和测试。发现高电压绝缘手套在最近一次使用中损坏后，技术人员应立即换用完好的手套。

2）检查绝缘鞋。检查确保绝缘鞋没有受潮、表面清洁、靴鞋无扎伤、底部花纹清晰可见、在有效期使用期限内。

3）检查护目镜。检查镜片是否容易脱落。透镜表面应充分研磨，不得有用肉眼可以看出的伤痕、纹理、气泡和异物等。戴上透镜时，影像应绝对清晰，不得模糊不清。

4）检查绝缘安全帽。检查安全帽的外观是否有裂纹、碰伤痕迹、凹凸不平、磨损，各配件有无破损、装配是否牢固、帽衬调节部分是否卡紧、插口是否牢靠、绳带是否系紧等，若帽衬与帽壳之间的距离不在 25～50mm，应用顶绳调节到规定的范围。确认各部件完好后方可使用。绝缘安全帽如存在影响其性能的明显缺陷应及时报废，以免影响防护作用。

5）检查防静电服。检查防静电服有无破损、开线、霉变、导电纤维损毁的情况。防静电服的使用年限正常情况下为一年，但是当防静电服出现破损、缝线脱落、霉变、导电纤维损毁的情况就需要更换了，同时，当防静电性能达到需要更换的等级时也需要更换，以保证安全。

6）检查警示牌。检查警示牌有无破损、字迹是否清晰可见、表面是否有污渍、是否可以稳定放置。

7）检查隔离桩。检查隔离桩是否可以稳定放置、隔离带是否可以顺畅伸缩、卡扣是否有破损。

8）检查绝缘电阻测试仪外观及功能。

9）检查绝缘垫。检查绝缘垫是否有破损或裂纹、表面是否有水或油污、是否有气泡（每平方米内面积不大于 $1cm^2$ 的气泡不超过 5 个，任意两个气泡间距离不小于 40mm）、测量绝缘垫对地绝缘电阻是否符合要求（不小于 $500\Omega/V$），如图 3-22 所示。

10）检查绝缘工具，如图 3-23 所示。检查绝缘工具的绝缘层否有破损或裂纹、表面是否有水或油污、是否有缺失。

图 3-22 测量绝缘垫对地绝缘电阻

图 3-23 检查绝缘工具

11）检查安装锁功能，钥匙必须小心保管，直至工作结束。

12）检查灭火器压力和有效期，如图 3-24 所示。

13）场地识别。停车入位，设置隔离桩，放置警示牌，如图 3-25 所示。

14）工具检查、场地识别完毕。

图 3-24　检查灭火器

图 3-25　场地识别

竣工检验

整理、恢复作业场地。

实训任务总结

个人高压电防护用具的检查与使用、高压电操作场地的布置与识别	工作任务单	班级： 姓名：

1. 车辆信息记录

品牌		整车型号		生产年月	
驱动电机型号		动力蓄电池电量		行驶里程	
车辆识别码					

2. 个人高压电防护用具检查

检查绝缘手套	□是　□否
检查绝缘鞋	□是　□否
检查绝缘安全帽	□是　□否
检查护目镜	□是　□否
检查防静电服	□是　□否

3. 高压电操作场地布置

检查铺设绝缘垫	□是　□否
检查绝缘工具	□是　□否
检查安全锁	□是　□否
检查设置隔离桩	□是　□否
检查设置警告标记和警示牌	□是　□否
检查灭火器压力及有效期	□是　□否
安装车辆挡块	□是　□否

4. 记录操作过程

项目三

个人高压电防护用具的检查与使用、高压电操作场地的布置与识别			实习日期：	
姓名：	班级：		学号：	导师签名：
自评：□熟练□不熟练	互评：□熟练□不熟练		师评：□合格□不合格	
日期：	日期：		日期：	

个人高压电防护用具的检查与使用、高压电操作场地的布置与识别【评分细则】

序号	评分项	得分条件	分值	评分要求	自评	互评	师评
1	安全/5S/态度	□1. 能进行工位5S操作 □2. 能进行车辆安全防护操作 □3. 能进行"三不落地"操作	18	未完成1项扣6分	□熟练 □不熟练	□熟练 □不熟练	□合格 □不合格
2	个人高压电防护用具检查	□1. 能正确检查绝缘手套 □2. 能正确检查绝缘鞋 □3. 能正确检查绝缘安全帽 □4. 能正确检查护目镜 □5. 能正确检查防静电服	40	未完成1项扣8分	□熟练 □不熟练	□熟练 □不熟练	□合格 □不合格
3	高压电操作场地布置	□1. 能正确检查绝缘工具 □2. 能正确检查安全锁 □3. 能正确检查并铺设绝缘垫 □4. 能正确检查并设置隔离桩 □5. 能正确检查并设置警示牌和警告标记 □6. 能正确检查灭火器压力及有效期 □7. 安装车辆挡块	42	未完成1项扣6分	□熟练 □不熟练	□熟练 □不熟练	□合格 □不合格

总分：

任务二　高压电部件识别及安全操作

【学习目标】

知识目标：

1）熟知纯电动汽车各高压电部件的作用。

2）熟知新能源汽车高压电安全操作规范。

技能目标：

1）能够正确识别纯电动汽车各高压电部件。

2）能够正确进行整车高压断电（下电）操作。

3）能够正确进行整车重新接通高压电（上电）操作。

素质目标：

1）操作过程中互相学习，团队合作，探索新鲜事物。

2）通过对纯电动汽车各高压电部件的探索，从认知到掌握，提高自己的知识水平和实操能力。

【任务描述】

李乐来到4S店的维修车间实习，如果你是他的师傅，你能给他讲解一下纯电动汽车各高压电部件的作用、整车高压断电（下电）与重新接通高压电（上电）如何操作及新能源汽车高压电安全操作规范吗？

【相关知识】

一、高压电部件识别

纯电动汽车电气系统中很重要的一个组成部分就是高压电气系统。纯电动汽车的高压电气系统主要功用是根据车辆行驶的功率需求完成从动力蓄电池到驱动电机的能量变换与传输过程。在传统燃油汽车中，电动助力转向系统、制动系统等主要由低压电气系统供电，而在纯电动汽车中，为了节约能源，对于功率较大的子系统，如电动空调等一般采用高压供电。

纯电动汽车的高压电气系统不仅给维修人员的操作带来一些技术挑战，同时高压电对维修人员生命安全也带来威胁，而且电是无影无踪、悄无声息的。如果不留意汽车制造商的安全警告，不遵守厂家要求的操作程序，轻则会引起触电、电灼伤或化学灼伤等事故，重则可能导致死亡。因此，能正确识别纯电动汽车的高压电部件就显得十分重要。下面就以车北京-EU5为例介绍一下各高压电部件。

1. 功率集成单元

北京-EU5的功率集成单元是将分体式的车载充电机、DC/DC变换器、高压控制盒、电机控制器四个高压电部件集成在一个高压驱动集成单元里，其英文缩写为PEU（Power Electronics Unit），俗称四合一。PEU位于前机舱中，如图3-26所示。PEU与驱动电机、减速器一体化安装，采用上下层结构，上层是 PEU，下层是驱动电机总成，如图 3-27 所示。这样的设计给整车前机舱贡献出更大的可利用空间。

图 3-26　PEU

图 3-27　PEU 与驱动电机总成的
安装位置

➡ 小知识：功率集成单元的发展

> 　　北汽新能源车型经历了分体式（车载充电机、DC/DC 变换器、高压控制盒、电机控制器四个高电压部件单独设置），PDU（Power Distribution Unit，电源分配单元）（电机控制器单独设置，车载充电机、DC/DC 变换器、高压控制盒集成一体）和 PEU 三个阶段。

（1）PEU 的外部结构

PEU 的顶部如图 3-28 所示，包括 PEU 的 48 针低压插接器、快充高压插接器和 PEU 版本信息标识。

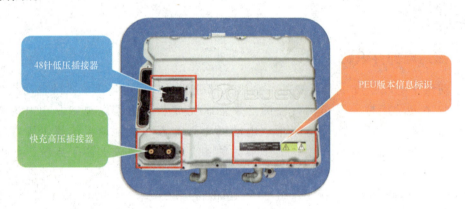

图 3-28　PEU 的顶部

1）PEU 的后侧面（以汽车行驶方向为正前方）如图 3-29 所示，包括 PTC（Positive Temperature Coefficient，正温度系数）热敏电阻高压插接器、动力蓄电池高压插接器、车载充电机（OBC）高压插接器和压缩机高压插接器。

2）PEU 的左侧面如图 3-30 所示，包括 PEU 的 DC/DC 变换器 12V 正极、PEU 的 DC/DC 变换器负极和 PEU 车身搭铁点。

3）PEU 的前侧面如图 3-31 所示，包括冷却液管接头 1 和冷却液管接头 2。

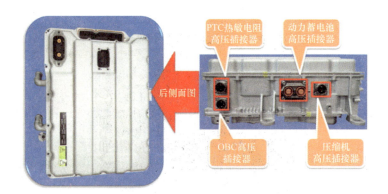

图 3-29 PEU 的后侧面

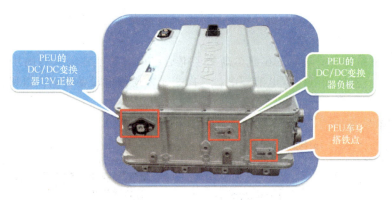

图 3-30 PEU 的左侧面

图 3-31 PEU 的前侧面

（2）PEU 的内部结构

PEU 内部的上层结构如图 3-32 所示，主要有电机控制器（Motor Control Unit，MCU）主板、IGBT（Insulated Gate Bipolar Transistor，即绝缘栅双极型晶体管）模块、DC/DC 变换器、快充继电器、熔断器等。

电机控制器的主要作用是将动力蓄电池输入的高压直流电逆变成电压、频率可调的三相交流电，供给配套的三相交流永磁同步电机使用。通过驱动电机的正转来实现车辆的加速、减速；通过驱动电机的反转来实现倒车；在进行能量回收时控制驱动电机为发电机状态，使

图 3-32　PEU 内部的上层结构

机械能转化为电能，并将驱动电机产生的交流电整流成直流电；通过有效的控制策略，控制动力总成以最佳方式协调工作。

DC/DC 变换器的主要功能是在整车高压上电后将动力蓄电池输入的高压直流电转变成14V 左右的低压直流电向低压蓄电池充电，并向全车低压用电设备供电，以保证行车时低压用电设备正常工作。

三个主熔断器分别是 DC/DC 变换器熔断器（规格为 15A）、车载充电机熔断器（规格为 30A）、PTC 热敏电阻和空调压缩机熔断器（规格为 50A），其位置如图 3-33 所示。

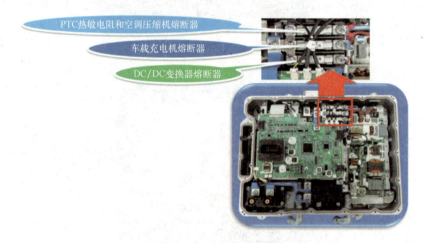

图 3-33　三个主熔断器位置

PEU 内部的互锁插接器位置如图 3-34 所示，有空调压缩机互锁插接器、车载充电机互锁插接器、快充互锁插接器、PTC 热敏电阻互锁插接器、动力蓄电池互锁插接器，互锁由MCU 检测。

PEU 内部的左侧面（以汽车行驶方向为正前方）如图 3-35 所示，分别是 PEU 与电机的低压插接器和 PEU 内部 UVW 三相的插接器。

PEU 内部的下层结构如图 3-36 所示，由 1 个车载充电机模块构成，中间是冷却液套。

车载充电机模块的主要作用是在慢充唤醒后，将充电桩输入的 220V 交流电经过滤波整流后，通过升压电路和降压电路，输出电压电流合适的直流电给动力蓄电池进行充电。车载充电机模块和车辆的交流充电接口（慢速充电接口）相连，输入电压范围为 85~275V，输出电压范围为 280~495V，输出最大功率为 6.6kW。

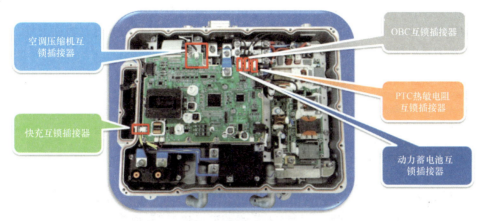

图 3-34　PEU 内部的互锁插接器位置

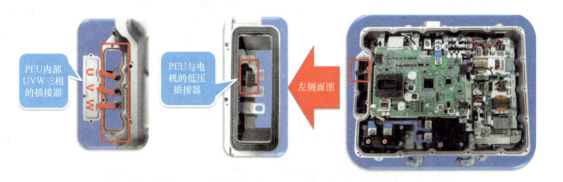

图 3-35　PEU 内部的左侧面

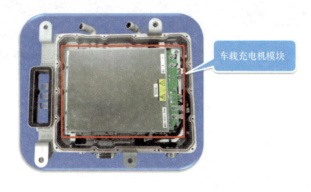

图 3-36　PEU 内部的下层结构

　　在单向车载充电机的基础上更换/增加少量器件，可实现车-电器设备供电（V2L）、车-车救援充电（V2V）等功能，实现电动汽车作为"移动电源"在各方面的功能扩展。在国内的新能源主流车型中，比亚迪的 E6、E5、秦 EV、唐等车型上均具备双向逆变充电功能。北汽新能源于 2015 年 12 月开始研究隔离双向充电技术。

2．动力蓄电池系统

动力蓄电池系统主要由动力蓄电池模组、蓄电池管理系统（Battery Management System，BMS）、动力蓄电池箱体及辅助元器件四部分组成，如图3-37所示。因为动力蓄电池有温度和电压的限制要求，所以动力蓄电池里需要有温度和电压传感器对其进行数据采集，然后将数据传给动力蓄电池管理系统进行判断。

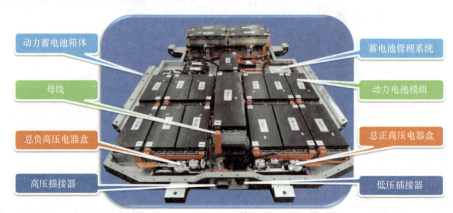

图 3-37　动力蓄电池系统

1）总负高压电器盒如图3-38所示，包括连接母线、主负继电器、加热继电器和加热熔断器等。

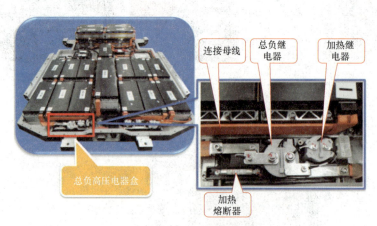

图 3-38　总负高压电器盒

2）总正高压电器盒如图3-39所示，包括连接母线、电器盒插接器、主正继电器、预充继电器和预充电阻。

3）高压插接器用来连接高压电缆。

4）低压插接器用来连接 BMS 低压控制线路。

5）主正继电器用于控制动力蓄电池正极接通与断开，由 BMS 控制。

6）预充继电器的作用是在充电开始时，先于主正继电器闭合，接通预充电路（R1），防止瞬时电流过大损坏电池，预充过程结束后断开，主正继电器闭合。

7）主负继电器用于控制动力蓄电池负极接通与断开，由 PEU 控制。

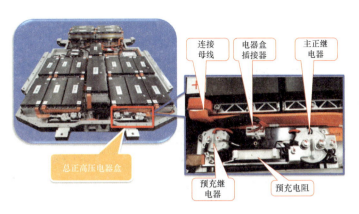

图 3-39　总正高压电器盒

8）加热继电器用于控制暖风加热器（WTC）高压电的接通与断开，由 BMS 控制。

3. 驱动电机

驱动电机是纯电动汽车的能量转换装置，驱动电机通过电机控制器将电能转化为机械能，驱动车辆行驶。驱动电机还要实现能量回收功能，当车辆滑行或制动时，车轮反拖驱动电机转动，在这一工况下，驱动电机可进行发电并将电能回收到蓄电池中，以此延长车辆的续驶里程。北京-EU5 的驱动电机采用的是三相交流永磁同步电机，如图 3-40 所示。驱动电机底部有钢印信息，钢印信息必须字迹清晰，从钢印上可以看到驱动电机的零件号和生产日期等相关信息，如图 3-41 所示。

图 3-40　北京-EU5 的驱动电机

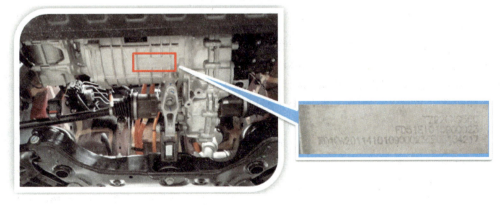

图 3-41　驱动电机底部的钢印信息

驱动电机主要由定子、转子、壳体、端盖、高压插接器、旋转变压器等组成，如图 3-42 所示。

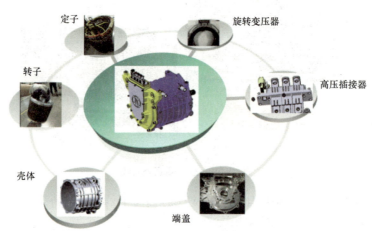

图 3-42　驱动电机的组成

驱动电机依靠内置的旋转变压器和温度传感器来提供电机的工作信息。旋转变压器如图 3-43 所示，用于监测电机转子位置，经控制器解码后可以获知电机转速。温度传感器用于监测电机的绕组温度，控制器可以保护电机避免过热。温度传感器有两组，一组使用，另一组备用。旋转变压器出现故障或温度过高都会导致驱动电机不转。

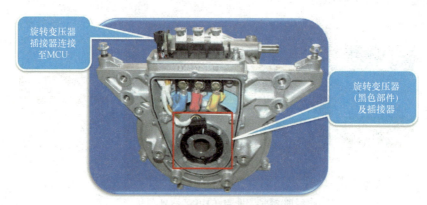

图 3-43　旋转变压器

4. 电动空调系统

电动空调系统由制冷和暖风两部分组成。制冷系统由高电压电动空调压缩机（图 3-44）、冷凝器总成、蒸发器等组成。暖风加热器分两种，一种为暖风水加热器（WTC），如图 3-45 所示，通过加热水套内的水从而获取暖风；另一种为 PTC 暖风加热器，通过加热空气的形式获取暖风。两种均由动力蓄电池供电。

另外，车辆上所有橙色的线束都是高电压线束，如图 3-46 所示。

图 3-44　高电压电动空调压缩机

图 3-45　暖风加热器

图 3-46　高电压线束

二、整车高压断电（下电）与重新接通高压电（上电）操作

纯电动汽车涉及高压电操作时，随时都可能存在高电压安全隐患，所以，进行高压电操作时，操作必须规范，符合操作安全规定，前期必须进行严格的高压断电工作，同时在重新接通高压电时也必须规范操作。具体操作步骤将在实训任务八整车高压断电（下电）与重新接通高压电（上电）操作中详细介绍，这里不再赘述。

你知道吗？

张三在电厂运行值班期间，接到"倒厂用"的工作任务，即将主电源退出，投入备用电源。该任务操作中有一个重要的注意事项，就是要"先退后投"，规范使用操作票制度可以有效地保证这个顺序。但在实际填写操作票时，张三先在草稿纸上写好，拿去给值班班长审核没有问题，再抄写到正式操作票本上。在抄写过程中，漏抄一行关键的操作，如果按抄错的操作票执行，就会发生"未退即投"，导致事故发生。事故的结果肯定是设备损坏，更可怕的是有可能因此而伤及人身安全。好在操作是张三本人带队去执行的，在去的路上及时发现了操作票的问题，避免了事故的发生。此事张三每次想起都后怕，非常具有警示意义。

课堂讨论

同学们，操作票制度是保证电力安全的重要组织措施之一，操作票强调操作顺序和操作规范，本案例用一个操作票不规范操作险酿事故的事实告诉大家：与电相关的工作不可有一丝疏忽，规范操作非常重要，以此培养大家的安全意识和规范意识，培养认真负责、一丝不苟的职业精神，提高大家的职业素养水平。同理，新能源汽车的整车高压断电（下电）与重新接通高压电（上电）操作也必须按照操作顺序和操作规范进行。请同学们讨论讨论还有哪些用电安全注意事项。

三、高压用电安全操作规范

1）对于车辆维修过程中的高压电部件必须立即标识明显的高压勿动警示，并禁止将带有高压电的部件放置在无人看管的环境下。

2）高电压部件修理与维护过程中，维修人员禁止将手表、金属笔等金属物品随身携带。

3）严禁非专业人员对高压电部件进行移除及安装。

4）未经高压电安全培训并取得许可证的维修人员，不允许对高压电部件进行维修等操作。

5）车辆在充电过程中不允许对高压电部件进行拆装、维修等工作。

6）维修前必须穿戴齐全个人安全防护用具，并进行高电压禁用操作。

7）维修完毕后上电前，确认车辆无人操作。

8）更换高压电部件后，测量搭铁是否良好。

9）电缆接口必须按照标准力矩拧紧。

10）在执行车辆维修作业期间，必须同时有两名持有上岗证的人员进行工作，其中一名人员作为工作的监护人，工作职责为监督维修的全过程。当发生触电事故时，监护人应该立即采取有效措施执行急救。

11）对高压电部件进行作业前，必须确认车辆钥匙处于"LOCK"档位并将 12V 电源断开，并妥善保管车辆钥匙。

12）高压电部件打开后或插头断开后，使用万用表对其电压进行测量，电压在 36V 以下才可以进行下一步的操作。

【实训任务八】 整车高压断电（下电）与重新接通高压电（上电）操作

实训场地和器材

新能源汽车作业工位和举升机、新能源汽车、整车、工作灯、绝缘手套、绝缘鞋、绝缘安全帽、护目镜、防静电服、绝缘工具、安全锁、隔离桩、警示牌、绝缘垫、万用表、放电工装、绝缘胶带、灭火器、车辆挡块、绝缘电阻测试仪。

作业准备

1）检查举升机。

2）检查绝缘手套、绝缘鞋、绝缘安全帽、护目镜和防静电服。

扫一扫

整车高压下电与上电操作

3）检查绝缘垫、安全锁、隔离桩、警示牌、绝缘工具、灭火器压力和有效期。

4）检查万用表、绝缘电阻测试仪和放电工装外观及功能。

5）整车和防护三件套等 5S 操作。

操作步骤

1）整车高压断电（下电）操作。需要专业人员持低压电工作业证上岗，至少二人方可操作。具体操作步骤如下。

① 铺设绝缘垫。

② 停车入位。

③ 放置警示牌。

④ 设置隔离桩。

⑤ 穿戴个人防护用具，如图 3-47 所示。

⑥ 关闭启动停止按键，钥匙由专人妥善保管，严禁置于他人可触及处，如图 3-48 所示。

图 3-47　个人防护用具的穿戴

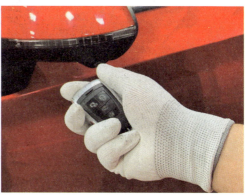

图 3-48　关闭点火开关，钥匙由专人妥善保管

⑦ 车身防护布置，如图 3-49 所示。

⑧ 切断低压蓄电池负极线并进行绝缘处理，如图 3-50 所示。等待 10min 后，断开并测量高压直流母线之间的电压和母线对地的电压，电压应符合安全电压标准（0<电压≤60V）。可以利用这段时间进行车辆举升前的准备工作、外观检查工作。

图 3-49　车身防护

图 3-50　切断低压蓄电池负极线并进行绝缘处理

⑨ 断开 PEU 低压插接器或者手动维修开关（Manual Service Disconnect，MSD），如图 3-51 所示。在 PEU 端安装安全密封塞（或者将维修开关插座用安全锁锁上，钥匙妥善存放，严禁置于他人易触及处）如图 3-52 所示。设置警示标志，如图 3-53 所示。

⑩ 平稳举升车辆，举升机支臂的托盘胶垫要与车辆底部指定位置重合，否则会出现金属变形。

⑪ 检查动力蓄电池底板，如图 3-54 所示。拆下动力蓄电池线束护板，如图 3-55 所示。

图 3-51　断开 PEU 低压插接器

图 3-52　在 PEU 端安装安全密封塞

图 3-53　设置警示标志

图 3-54　检查动力蓄电池底板

图 3-55　拆下动力蓄电池线束护板

⑫ 检查动力蓄电池低压控制线束插接器外观，如图 3-56 所示。拆卸低压控制线束插接器，如图 3-57 所示。检查低压控制线束动力蓄电池端插接器状况，如图 3-58 所示。

动力蓄
电池低
压控制
线束插
接器

图 3-56　检查动力蓄电池低压控制线束插接器外观

图 3-57　拆卸低压控制线束插接器

图 3-58　检查低压控制线束动力
蓄电池端插接器状况

⑬ 检查动力蓄电池高压线缆动力蓄电池端插接器外观，如图 3-59 所示。拆卸动力蓄电池高压线缆动力蓄电池端插接器，如图 3-60 所示。检查动力蓄电池高压线缆动力蓄电池端插接器状况，如图 3-61 所示。

图 3-59　检查动力蓄电池高压线缆
动力蓄电池端插接器外观

图 3-60　拆卸动力蓄电池高压线缆
动力蓄电池端插接器

图 3-61　检查动力蓄电池高压线缆
动力蓄电池端插接器状况

⑭ 测量动力蓄电池端插座母线正负输出端电压，电压应为 0V，如图 3-62 所示。进行绝缘处理。

⑮ 对负载侧进行验电、放电或等待 5min 以上再验电。因为高压电系统中有超级电容的存在，即使与动力蓄电池断开连接，高压电系统中仍有可能残留有高压电，为保证后续操作的安全，要进行验电操作。

图 3-62　测量动力蓄电池端插座
母线正负输出端电压

验电操作方法：用万用表直流电压档测量连接动力蓄电池的高压线束正负极接口是否还有电压。如果电压在 36V 以上，要进行放电操作或者等待 5min 以上。

放电操作方法：将放电工装的红黑两个表笔分别连接至动力蓄电池的高压线束正/负极接口，等待放电工装的指示灯熄灭即可，如图 3-63 所示。

2）重新接通高压电（上电）操作。需要专业人员持低压电工作业证上岗，至少二人方可操作。具体操作步骤如下。

① 确认所有高压电部件和高压电线束都正确安装完毕。

② 确认没有维修人员正在维修或操作车辆。

③ 平稳举升车辆。

④ 先连接动力蓄电池的高压插头，再连接低压插头，如图 3-64 所示。

图 3-63　放电工装及放电的操作方法

图 3-64　先连接动力蓄电池的高压插头
1，再连接低压插头 2

⑤ 安装动力蓄电池线束护板，如图 3-65 所示。

⑥ 平稳放下车辆。

⑦ 去掉 PEU 端安全密封塞并连接 PEU 低压插接器（或者打开维修开关插座上的安全锁

图 3-65　安装动力蓄电池线束护板

并安装维修开关)，如图 3-66 所示。

图 3-66　去掉 PEU 端安全密封塞并连接 PEU 低压插接器

⑧ 去掉低压蓄电池负极上的绝缘防护并连接低压蓄电池负极线，如图 3-67 所示。

图 3-67　去掉低压蓄电池负极上的绝缘防护并连接低压蓄电池负极线

⑨ 打开点火开关，确认车辆可以正常上电。

竣工检验

整理、恢复作业场地。

实训任务总结

_____

_____

_____

_____

_____

_____

_____

_____

_____

_____

_____

_____

整车高压断电(下电)与重新 接通高压电(上电)操作	工作任务单	班级:	
		姓名:	

1. 车辆信息记录

品牌		整车型号		生产年月	
驱动电机型号		动力蓄电池电量		行驶里程	
车辆识别码					

2. 个人高压防护用具检查

检查绝缘手套	□是 □否
检查绝缘鞋	□是 □否
检查绝缘安全帽	□是 □否
检查护目镜	□是 □否
检查防静电服	□是 □否

3. 高压电操作场地布置

检查铺设绝缘垫	□是 □否
检查绝缘工具	□是 □否
检查安全锁	□是 □否
检查设置隔离桩	□是 □否
检查设置警示牌	□是 □否
检查灭火器压力及有效期	□是 □否
安装车辆挡块	□是 □否

4. 整车高压断电(下电)操作

穿戴个人防护用具	□是 □否
关闭点火开关,钥匙由专人妥善保管	□是 □否
进行车身防护	□是 □否
切断低压蓄电池负极线并进行防护处理和绝缘处理	□是 □否
断开维修开关或者PEU低压插接器,妥善存放	□是 □否
将维修开关插座用安全锁锁上或在PEU端安装安全密封塞	□是 □否
平稳举升车辆	□是 □否
检查动力蓄电池底板	□是 □否
拆下动力蓄电池线束护板	□是 □否
检查动力蓄电池低压控制线束插接器外观	□是 □否
拆卸低压控制线束插接器	□是 □否
检查低压控制线束动力蓄电池端插接器状况	□是 □否
检查动力蓄电池高压线缆动力蓄电池端插接器外观	□是 □否
拆卸动力蓄电池高压线缆动力蓄电池端插接器	□是 □否
检查动力蓄电池高压线缆动力蓄电池端插接器状况	□是 □否
测量动力蓄电池插座母线正负极输出端电压并进行绝缘处理	□是 □否
对负载侧进行验电、放电或等待5min以上再验电	□是 □否

5. 整车重新接通高压电(上电)操作

确认所有高压电部件和高压电线束都正确安装完毕	□是 □否
确认没有维修人员正在维修或操作车辆	□是 □否
平稳举升车辆	□是 □否
先连接动力蓄电池的高压插头,再连接低压插头	□是 □否
安装动力蓄电池线束护板	□是 □否
平稳放下车辆	□是 □否
安装维修开关或连接PEU低压插接器	□是 □否
连接低压蓄电池负极线	□是 □否
打开点火开关,确认车辆可以正常上电	□是 □否

整车高压断电(下电)与重新接通高压电(上电)操作		实习日期:		
姓名:	班级:	学号:		导师签名:
自评:□熟练□不熟练	互评:□熟练□不熟练	师评:□合格□不合格		
日期:	日期:	日期:		

整车高压断电(下电)与重新接通高压电(上电)操作【评分细则】

序号	评分项	得分条件	分值	评分要求	自评	互评	师评
1	安全/5S/态度	□1. 能进行工位 5S 操作 □2. 能进行行车辆安全防护操作 □3. 能进行"三不落地"操作	10	未完成 1 项扣 4 分,扣分不得超过 10 分	□熟练 □不熟练	□熟练 □不熟练	□合格 □不合格
2	个人高压防护用具检查	□1. 能正确检查绝缘手套 □2. 能正确检查绝缘鞋 □3. 能正确检查绝缘安全帽 □4. 能正确检查护目镜 □5. 能正确检查防静电服	5	未完成 1 项扣 1 分	□熟练 □不熟练	□熟练 □不熟练	□合格 □不合格
3	高压电操作场地布置	□1. 能正确检查绝缘工具 □2. 能正确检查安全锁 □3. 能正确检查并铺设绝缘垫 □4. 能正确检查并设置隔离桩 □5. 能正确检查并设置警示牌 □6. 能正确检查灭火器压力及有效期 □7. 安装车辆挡块	7	未完成 1 项扣 1 分	□熟练 □不熟练	□熟练 □不熟练	□合格 □不合格
4	整车高压断电(下电)操作	□1. 能正确穿戴个人防护用具 □2. 能正确关闭点火开关,钥匙由专人妥善保管 □3. 能正确进行车身防护 □4. 能正确切断低压蓄电池负极线并进行防护处理和绝缘处理 □5. 能正确断开维修开关或者 PEU 低压插接器,妥善存放 □6. 能正确将维修开关插座用安全锁锁上或者在 PEU 端安装安全密封塞 □7. 能正确平稳举升车辆 □8. 能正确检查动力蓄电池底板 □9. 能正确拆下动力蓄电池线束护板 □10. 能正确检查动力蓄电池低压控制线束插接器外观	51	未完成 1 项扣 3 分	□熟练 □不熟练	□熟练 □不熟练	□合格 □不合格

（续）

序号	评分项	得分条件	分值	评分要求	自评	互评	师评
4	整车高压断电（下电）操作	□11. 能正确拆卸低压控制线束插接器 □12. 能正确检查低压控制线束动力蓄电池端插接器状况 □13. 能正确检查动力蓄电池高压线缆动力蓄电池端插接器外观 □14. 能正确拆卸动力蓄电池高压线缆动力蓄电池端插接器 □15. 能正确检查动力蓄电池高压线缆动力蓄电池端插接器状况 □16. 能正确测量动力蓄电池端插座母线正负极输出端电压，并进行绝缘处理 □17. 能正确对负载侧进行验电、放电或等待 5min 以上再验电	51	未完成 1 项扣 3 分	□熟练 □不熟练	□熟练 □不熟练	□合格 □不合格
5	整车重新接通高压电（上电）操作	□1. 能正确确认所有高压部件和高压线束都正确安装完毕 □2. 能正确确认没有维修人员正在维修或操作车辆 □3. 能正确平稳举升车辆 □4. 能正确连接动力蓄电池的高压插头和低压插头 □5. 能正确安装动力蓄电池线束护板 □6. 能正确平稳放下车辆 □7. 能正确安装维修开关或连接 PEU 低压插接器 □8. 能正确连接低压蓄电池负极线 □9. 能正确打开点火开关，确认车辆可以正常上电	27	未完成 1 项扣 3 分	□熟练 □不熟练	□熟练 □不熟练	□合格 □不合格

总分：

扫一扫

项目三习题

项目四
高压电系统安全控制

任务一　电动汽车高压电系统安全控制认知

【学习目标】

知识目标：
1) 理解新能源汽车高压电标识的含义。
2) 理解工作场所安全标识的含义。
3) 理解用户手册和维修手册安全标识的含义。
4) 理解高压电系统总体结构和各部分功能。

技能目标：
1) 能够识别新能源汽车高压电标识。
2) 能够识别工作场所安全标识。
3) 能够识别用户手册和维修手册安全标识。
4) 能够说出高压电系统总体结构和各部分功能。

素质目标：
1) 培养遵守规范、严谨务实的工作态度。
2) 培养分工协作、相互帮助的团队精神。
3) 培养通过网络或者书籍检索信息的能力。

【任务描述】

　　张鹏是一名新能源汽车维修学徒工，当他打开纯电动汽车机舱盖时，发现很多浅橙色的线束，另外发现在很多部件上贴有标识，他不清楚这些标识的具体含义，你可以告诉他吗？

【相关知识】

一、新能源汽车警告标识

　　新能源汽车配备了高压直流电系统，极易造成人身伤害甚至死亡。车辆的相关部位粘贴了合适的安全级别警告标识，用于提醒维修人员。在未按照规范进行高压断电的情况下，切勿触碰带有警告标识的高压电器部件、高压电缆或动力蓄电池，以免遭受致命的电击。

一般来说，新能源汽车高电压线束、插接器均采用浅橙色警告色，更容易识别。同时，新能源汽车所有高电压部件上均有高电压警告标识，如图 4-1 和图 4-2 所示。

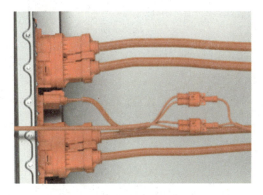

图 4-1　高电压线束与插接器

图 4-2　高电压警告标识

二、工作场所安全标识

除新能源汽车警告标识外，新能源汽车检修场所也必须设置特定的安全标识，包括但不局限于：安全通道，如逃生通道、安全门等；消防设施，如灭火器、消防沙；急救设施，如急救箱、担架等，如图 4-3 所示。

图 4-3　逃生通道、消防设施以及急救设施标识

同时，在必要的情况下，还应该设置其他各种警告标识，如警告、触电、有毒等标识，如图 4-4 所示。

图 4-4　警告、触电、有毒等标识

三、用户手册和维修手册安全标识

在新能源汽车用户手册和维修手册中也频繁出现警告、注意、提示等特殊标识（表 4-1），应特别注意这些内容，忽略这些警示说明将可能导致人身伤害或车辆损坏。

表 4-1　用户手册和维修手册安全标识

标识	含义
![i]	"提示"表示提醒驾乘人员避免危及车辆或人身安全的操作
![eye]	"注意"意味着危险或不安全的操作将造成人身伤害或车辆损坏
![warning]	"警告"表示如果不按照说明操作将很可能导致严重的人身伤害甚至死亡

需要注意的是，用户手册和维修手册不可能预见所有危险情况，所以务必时刻提醒自己注意安全，避免电力和机械伤害。

【实训任务九】　高压电系统标识和线路识别操作

实训场地和器材

新能源汽车作业工位和举升机、新能源汽车整车、工作灯。

扫一扫

高压电
部件识别

作业准备

1）检查举升机。
2）整车和防护三件套等 5S 操作。

操作步骤

1）停车入位，拉紧驻车制动器。
2）查找并说出高压电系统标识的含义，见表 4-2。

表 4-2　高压电系统标识识别

部件名称	标识实物
动力蓄电池	
驱动电机	
PEU	
空调压缩机	
PTC	

（续）

部件名称	标识实物
高压线束	

3）参考图 4-5，打开工作灯，从机舱到车底（需举升车辆）按照高压电系统电流流向来查找并说出高压电系统线路的走向。

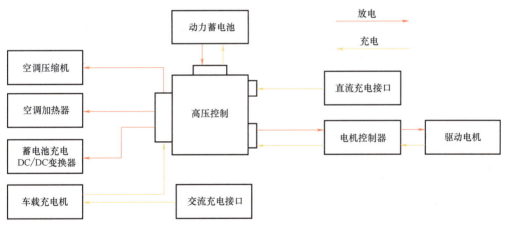

图 4-5　查找识别高压电系统标识及线路

4）标识识别、高压电系统线路走向查找完成，操作结束。

竣工检验

整理、恢复作业场地。

实训任务总结

_____

_____

_____

_____

_____

_____

高压电系统标识和线路识别操作	工作任务单	班级：
		姓名：

1. 车辆信息记录

品牌		整车型号		生产年月	
驱动电机型号		动力蓄电池电量		行驶里程	
车辆识别码					

2. 作业场地准备

停车入位,拉紧驻车制动器		□是　□否
打开机舱盖,查找并说出高压电系统标识的含义		□是　□否
整车举升到位		□是　□否
打开工作灯,查找并说出高压电系统线路的走向		□是　□否

3. 记录高压电系统标识位置和高压电系统线路走向

高压电系统标识和线路识别操作			实习日期：		
姓名：		班级：	学号：		导师签名：
自评：□熟练 □不熟练		互评：□熟练 □不熟练	师评：□合格 □不合格		
日期：		日期：	日期：		

高压电系统标识和线路识别操作【评分细则】

序号	评分项	得分条件	分值	评分要求	自评	互评	师评
1	安全/5S/态度	□1. 能进行工位 5S 操作 □2. 能进行设备和工具安全检查 □3. 能进行车辆安全防护操作 □4. 能进行工具清洁、校准、存放操作 □5. 能进行"三不落地"操作	15	未完成 1 项扣 3 分	□熟练 □不熟练	□熟练 □不熟练	□合格 □不合格
2	专业技能	□1. 能正确查找并说出高压电系统标识的含义 □2. 能查找并说出高压电系统线路的走向	50	未完成 1 项扣 25 分	□熟练 □不熟练	□熟练 □不熟练	□合格 □不合格
3	工具及设备的使用能力	□1. 能够正确举升车辆 □2. 能正确使用工作灯	20	未完成 1 项扣 10 分	□熟练 □不熟练	□熟练 □不熟练	□合格 □不合格
4	表单填写、报告撰写能力	□1. 字迹清晰 □2. 语句通顺 □3. 无错别字 □4. 无涂改 □5. 无抄袭	15	未完成 1 项扣 3 分	□熟练 □不熟练	□熟练 □不熟练	□合格 □不合格

总分：

项目四

任务二　电动汽车安全控制线路检测

【学习目标】

知识目标：
1) 理解高压互锁的工作原理。
2) 理解高压绝缘的工作原理。

技能目标：
1) 掌握高压互锁的检测方法。
2) 掌握绝缘性能的检测方法。

素质目标：
1) 培养遵守规范、严谨务实的工作态度。
2) 培养分工协作、相互帮助的团队精神。
3) 培养通过网络或者书籍检索信息的能力。

【任务描述】

一辆新能源汽车高压电无法上电，张鹏连接诊断仪读取故障码，经查询故障码含义为高压互锁故障，但是张鹏不知道如何设计故障诊断流程，你可以告诉他吗？

【相关知识】

一、高压互锁的工作原理与检测

1. 高压互锁的工作原理

根据国际标准 ISO 6469-3：2021《电动道路车辆　安全规范　第 3 部分：电气安全》中的规定，汽车上的高压电部件应具有高压互锁装置。高压互锁（High Voltage Inter-Lock，HVIL）是电动汽车上一种利用低电压信号监测高电压回路完整性的安全设计措施，其作用：在高压互锁回路接通或断开的同时，电源控制器接收反馈信号进而控制高压电路的通断。

以北京-EU5 为例，纯电动汽车高压互锁回路有串联与并联两种形式，其中串联形式如图 4-6 所示，并联形式如图 4-7 所示。高压互锁串联控制回路由整车控制器（Vehicle Control Unit，VCU）发出，将压缩机、车载充电机、高压控制盒、DC/DC 变换器、PTC 本体串联起来并搭铁。整车控制器与蓄电池管理系统、电机控制器之间通过 CAN-L 和 CAN-H 进行通信。

高压互锁并联回路由电机控制器发出，通过并联的形式将压缩机线束插接器、车载充电机插接器、PTC 线束插接器、动力蓄电池电缆插接器、快充插接器等连接在一起。当以上插接器的任何一个断开时，电机控制器都将接收到反馈信号并将整车断电。当快充接口、电机三相接口等高压插接器断开时，高压互锁回路同步断开，进而使整车高压断电，避免了因为高压部件裸露在外造成的触电风险。

总之，高压互锁回路形成一个闭环检测系统，一旦低压检测电路出现问题，则 VCU 判断为故障，将断开预充继电器、主正继电器、主负继电器的供电，动力蓄电池将无法为整车

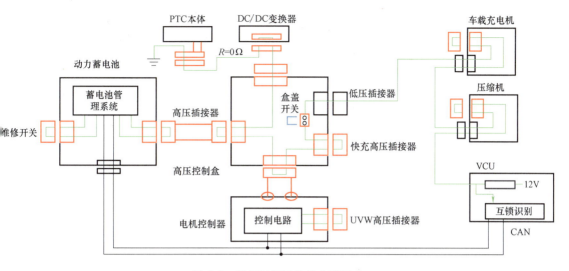

图 4-6　高压互锁回路的串联形式

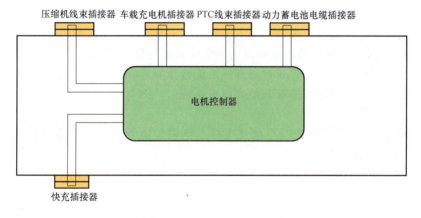

图 4-7　高压互锁回路的并联形式

提供高压电，此时往往需要检修高电压元件。高电压元件包括动力蓄电池、高压接线盒、电机控制器、驱动电机、DC/DC 变换器、快充插接器、慢充插接器、车载充电机、压缩机、高压线束等。

2. 高压互锁的常见故障

（1）互锁开关失效导致开路

在安装高压部件盖板的过程中，如果装配人员在未装配到位的情况下强行推动盖板，可能会将高压互锁弹片压弯，进而导致高压部件盖板关闭后，互锁回路开关不能完全闭合。这种故障产生的原因一般是装配人员移动盖板的方向与互锁开关的朝向不一致。

（2）端子退针导致开路

高压互锁回路中低压线束和高压设备上的端子都可能发生退针，进而导致接触不良。端子退针导致的接触不良问题一般是在诊断过程中使用尺寸不合适的探针造成的。这就说明，在进行故障原因排查时，如果探针直径较大，可能会造成端子接触不良。

（3）对地短路

如果高压互锁回路发生对地短路也会导致高压互锁故障，进而无法高压上电。一般来说，如果报高压互锁开路故障，但是通过测试却发现高压互锁回路是导通的，也就是说测试结果与所报故障矛盾，这种情况一般是互锁回路对地短路造成的。此时通过测试可以发现高压互锁回路与车身之间也是导通的。

（4）动力蓄电池内部故障

如果整车报高压互锁回路故障，而经过检测高压互锁回路线束完好，并且没有对地短路的情况，那么可以继续排查动力蓄电池是否存在内部故障。

二、绝缘检测

1. 测试准备条件

整车绝缘检测使用兆欧表进行测试。为了保证操作人员人身安全，操作该仪器时必须佩戴绝缘手套。每次检测应当根据零部件及整车规定的测试电压标准，正确选择数字兆欧表的测试电压。每次检测持续时间为 1min，同时要求交换正负表笔分别测量。检测结果以兆欧（MΩ）为单位。

1）将车辆启动停止按键调至 "OFF" 档。

2）断开蓄电池负极。

3）断开橙黄色高压线束。

4）使用兆欧表测量高压线束主正、主负接口对壳体的绝缘电阻，应符合汽车制造厂家标准。测试时需要对高压插接器插头和插座两端分别进行绝缘测试。

5）如果测量不通过，则可判断被测部件可能绝缘异常，应通知专业工程师处理。

6）如果测试通过，则继续排查其他高压电系统。

2. PEU 绝缘测试

1）PEU 集成 DC/DC 变换器、车载充电机、电机控制器，需要开盖进行绝缘测试，并找到相应接口及熔丝盒位置。

2）车载充电机交流输入端口：数字兆欧表选择 500V 档，车载充电机交流输入端带电电路与地（外壳）之间的绝缘电阻应大于 20MΩ，双向充电机绝缘电阻应大于 10MΩ。

3）DC/DC 变换器及其他高压输入输出端口：数字兆欧表选择 500V 档，其他 B 级带电电路与地（外壳）之间的绝缘电阻应大于 20MΩ。

4）电机控制器：测试电机控制器对地之间的绝缘电阻应大于 20MΩ。

3. 电机及控制器绝缘测试

（1）检测依据

检测依据 GB/T 18488.1—2015《电动汽车用驱动电机系统　第 1 部分：技术条件》。

（2）绝缘测试

驱动电机定子绕组对机壳的冷态绝缘电阻值应大于 20MΩ。驱动电机控制器与母线连接输入端正、负极对地，电机控制器输出端三相线对地，电机输入端三相线对地绝缘电阻均应大于 20MΩ。

1）高压直流输入端绝缘检测。数字兆欧表选择 500V 档，分别测量电机控制器高压输入正极和负极对外壳绝缘电阻值，合格产品每极测试均应大于 20MΩ，如图 4-8 所示（本节仅以电机控制器绝缘检

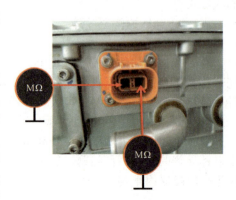

图 4-8　绝缘电阻测试

测为例）。

2）U、V、W 输出端绝缘检测。在电机处于冷态时，数字兆欧表选择 500V 档，分别测量电机控制器输出 U、V、W 三线对外壳绝缘电阻值，合格产品 U、V、W 三端测试结果均应大于 20MΩ。

4. 充电插头、插座绝缘测试

（1）检测依据

检测依据 QC/T 841—2010《电动汽车传导式充电接口》。

（2）检测流程

本标准规定了两种充电接口：满足充电模式 1、充电模式 2 和充电模式 3 使用要求的在此处仅测试额定工作电压为 AC 220V，额定工作电流不超过 32A 的交流充电接口。

充电插头和充电插座的正、负极高压端子对地测试绝缘电阻值不小于 20MΩ。充电插头和充电插座的额定电压小于或等于 250V 时，在各高压端子之间、端子与外壳之间分别施加 500V 的直流电压进行绝缘电阻测量；充电插头和充电插座的额定电压在 251～1000V 范围时，则正、负极端子对地施加 500V 的直流电压进行绝缘电阻测量。

电动汽车的交流充电接口采用的充电插座在车内通过连线与车载充电机交流输入端口相连。数字兆欧表选择 500V 档，在正、负极高压端子对地进行绝缘检测，合格产品测试结果应不小于 20MΩ。

高压线束绝缘测试：整车所有高压线束在未连接状态下，施加 DC 500V 电压，带电电路与地（连接器屏蔽层或外壳）之间的绝缘电阻大于 25MΩ。

5. 绝缘电阻的性能要求

绝缘电阻的测试环境要求：温度为 -20～40℃；相对湿度为 45%～75%；气压为 86～106kPa；测试电压为 DC 500～1000V，见表 4-3。

表 4-3　绝缘电阻测试要求

序号	分级	零部件名称	标准	测试位置
1	整车	动力蓄电池外围 B 级电路	B 级带电电路与地之间的绝缘电阻值 ≥20MΩ	整车母线正负极测试点对地
2		动力蓄电池	蓄电池包内部绝缘电阻值 ≥500Ω/V	母线正负极对地
3	高压零部件总成	PEU	交流输入端绝缘电阻值 ≥20MΩ	PEU 慢充口
			双向充电机输入端绝缘电阻值 ≥10MΩ	PEU 慢充口
			DC/DC 变换器接口绝缘电阻值 ≥20MΩ	辅助蓄电池线束
			电机控制器绝缘电阻值 ≥20MΩ	PEU 侧接口
4		WTC	带电电路与地之间的绝缘电阻值 ≥20MΩ	母线、PEU 侧接口
5		车载充电机	交流侧（慢充口）绝缘电阻值 ≥20MΩ 直流侧（母线）绝缘电阻值 ≥20MΩ	慢充口
6		电机本体	绝缘电阻值 ≥20MΩ	三相线对地
7		电动压缩机	绝缘电阻值 ≥20MΩ	压缩机侧接口
8		高压线束	高压端子正负极对地绝缘电阻值 ≥25MΩ	线束端子
9		充电插头、插座	充电插头和充电插座高压端子对地绝缘电阻值 ≥20MΩ	插座、插头

【实训任务十】 高压互锁识别与测量

实训场地和器材

新能源汽车作业工位和举升机工位、新能源汽车整车、工作灯、万用表及插针、短接工具、诊断电脑。

扫一扫 → 高压互锁实物
识别与基本测量

作业准备

1）检查举升机。

2）整车和防护三件套等 5S 操作。

3）在进行操作步骤之前，确认蓄电池电压为正常电压。

4）关闭启动停止按键及所有用电器。

5）按照流程进行高压断电。

操作步骤

1）高压互锁识别：

① 断开快充接口高压互锁插接器，观察快充接口高压互锁端子，如图 4-9 所示。

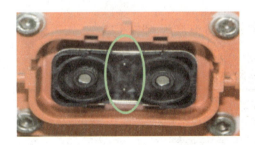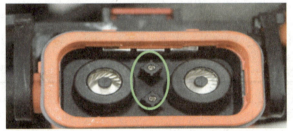

图 4-9 快充接口高压互锁插接器实物

② 断开电机三相接口高压互锁插接器，观察电机三相接口高压互锁端子，如图 4-10 所示。

图 4-10 电机三相接口高压互锁插接器实物

其他互锁端子不一一展示。

2）高压互锁测量。本书以北京-EU5 车型 PEU 上的快充插接器为例讲解测量过程。全程注意安全防护。

① 按照标准流程进行整车高压下电。

② 拆下 PEU 上的快充插接器。

③ 调整万用表至电阻档并校表，如图 4-11 所示。

④ 测量快充插接器线束端的两互锁端子之间电阻并记录，如图 4-12 所示。

图 4-11　调整万用表至电阻档并校表　　　　图 4-12　测量线束端互锁端子间电阻

⑤ 使用插针（这里使用简易插针）测量快充插接器 PEU 端的两互锁端子之间电阻并记录，如图 4-13 所示。

⑥ 连接低压蓄电池负极，打开启动停止按键，如图 4-14 所示。

　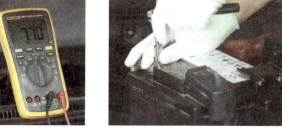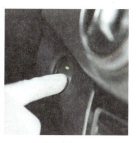

图 4-13　测量 PEU 端互锁端子间电阻　　　　图 4-14　连接低压蓄电池负极并
　　　　　　　　　　　　　　　　　　　　　　　　　　　打开启动停止按键

⑦ 调整万用表至直流电压档，测量快充插接器 PEU 端两互锁端子之间的输出电压并记录，如图 4-15 所示。

⑧ 使用短接工具（这里使用简易短接工具——铜丝进行演示）短接互锁端子，模拟快充插接器 PEU 端的两互锁端子闭合状态，测量其与车身接地之间的电压并记录，如图 4-16 所示。

图 4-15　测量 PEU 端互锁端子间的电压　　　图 4-16　模拟互锁闭合端子状态并测量接地电压

⑨ 恢复车辆，按照标准流程进行整车上电。读取数据流并清除故障码。

竣工检验

整理、恢复作业场地。

实训任务总结

扫一扫

项目四习题

| 高压互锁识别与测量 | 工作任务单 | 班级： |
| | | 姓名： |

1. 车辆信息记录

品牌		整车型号		生产年月	
驱动电机型号		动力蓄电池电量		行驶里程	
车辆识别码					

2. 作业场地准备

检查设置隔离栏	□是 □否
检查设置安全警示牌	□是 □否
检查灭火器压力及有效期	□是 □否
安装车辆挡块	□是 □否

3. 记录注意事项及操作技巧

4. 使用诊断仪读取故障码、数据流

| 故障码 | |
| 数据流 | |

5. 画出高压互锁检测端子图

6. 故障检测

检测对象	检测条件	检测值	标准值	结果判断

项目四

高压互锁识别与测量		实习日期：	
姓名：	班级：	学号：	导师签名：
自评：□熟练 □不熟练	互评：□熟练 □不熟练	师评：□合格 □不合格	
日期：	日期：	日期：	

高压互锁识别与测量【评分细则】

序号	评分项	得分条件	分值	评分要求	自评	互评	师评
1	安全/5S/态度	□1. 检查设置隔离栏 □2. 检查设置安全警示牌 □3. 检查灭火器压力及有效期 □4. 能进行工位 5S 操作 □5. 能进行车辆安全防护操作，安装车辆挡块 □6. 能进行"三不落地"操作	15	未完成 1 项扣 3 分，扣分不超过 15 分	□熟练 □不熟练	□熟练 □不熟练	□合格 □不合格
2	专业技能	□1. 能正确记录故障现象 □2. 能够正确读取故障码和数据流 □3. 能够正确画出高压互锁检测端子图 □4. 能够按步骤检测高压互锁端子，记录数值并判断结果	50	未完成 1 项扣 15 分，扣分不得超过 50 分	□熟练 □不熟练	□熟练 □不熟练	□合格 □不合格
3	工具及设备的使用能力	□1. 能够正确举升车辆 □2. 能正确使用工作灯	20	未完成 1 项扣 10 分	□熟练 □不熟练	□熟练 □不熟练	□合格 □不合格
4	表单填写、报告撰写能力	□1. 字迹清晰 □2. 语句通顺 □3. 无错别字 □4. 无涂改 □5. 无抄袭	15	未完成 1 项扣 3 分	□熟练 □不熟练	□熟练 □不熟练	□合格 □不合格

总分：

项目五
新能源汽车应急处理

任务一　车辆使用中的应急处理

【学习目标】

知识目标：

1）了解新能源汽车常见应急问题。

2）理解充电操作应急处理方法。

技能目标：

1）掌握新能源汽车常见应急问题的处理措施。

2）掌握充电操作应急处理。

素质目标：

1）操作过程中互相学习，团队合作，探索新鲜事物。

2）通过学习常见应急问题的处理方法，从认知到掌握，提高自己的知识储备水平和实操能力。

【任务描述】

在平时用车中，可能会遇到爆胎、钥匙没电等特殊情况。作为汽车维修人员，我们该如何告知车主养成良好的用车习惯？当发生紧急情况时，又该如何应对？

【相关知识】

一、紧急启动与更换遥控钥匙电池

1. 车辆紧急启动

（1）钥匙电量低启动

当钥匙没电或电量过低无法正常启动车辆时，可以采用紧急启动功能。将钥匙靠近紧急启动区域（带有紧急启动标识的杯托内），按下启动停止按键，即可启动车辆。

（2）机械钥匙启动

智能遥控钥匙内含机械钥匙，机械钥匙在紧急情况下使用。如果智能遥控钥匙电量耗尽或因其他故障失效时，则可取出机械钥匙，然后打开车门。

2. 更换车辆遥控钥匙电池注意事项

当智能遥控钥匙电量不足时，行车电脑会提醒更换电池。更换电池时操作不当会损坏钥匙，建议到车辆特约经销商或 4S 店进行更换。如果自行更换，需要使用汽车生产厂家规定的锂电池。

二、更换轮胎、灯泡和熔丝

1. 更换轮胎步骤

1）将汽车停稳在水平、坚固且没有松散石块的地面上。

2）熄火并拉紧驻车制动器。

3）打开危险警报灯，在汽车后方 50m 远的位置设置三角形警告牌（高速公路 150m），并让所有乘客离开汽车。

4）用砖块或枕木垫于其他正常的车轮前后，防止车辆滑动。

5）准备好千斤顶、连接杆及车轮螺母扳手。

6）取下备胎，放置在要更换的轮胎旁边。

7）用车轮螺母扳手将车轮螺母松开即可，先不要卸下车轮螺母。

8）将千斤顶置于需要顶起位置的下方。要放在最靠近被更换轮胎的顶起位置。

9）将千斤顶连接杆插入车轮螺母扳手，然后将连接杆末端插入千斤顶末端凹槽部位，缓慢转动车轮螺母扳手，直到轮胎稍微抬离地面。

10）用车轮螺母扳手卸下车轮螺母，然后取下车轮。

11）清除轮毂表面、轮毂螺栓上或安装孔内的污泥，然后装上备用轮胎。

12）将备胎的螺母孔对准法兰盘上的螺栓，把轮胎装上。

13）从最上端的螺栓开始，按照对角的方式依次用手拧紧螺母，直到法兰盘与车轮相接触且车轮不松动。

14）将千斤顶连接杆再次插入车轮螺母扳手，并逆时针转动车轮螺母扳手缓慢地降下汽车，直到轮胎接触地面。

15）用车轮螺母扳手再次从最上端的螺栓开始，按照对角的方式依次拧紧螺母，直至法兰盘与车轮彻底紧固。

16）最后，将千斤顶降到底后将其拆下，并和其他工具及轮胎一同放好。

注意：如果备胎不是全尺寸轮胎，请尽量在换完备胎后，保持车速在 80km/h 以下行驶，放慢车速，注意安全。

2. 更换灯泡注意事项

在驾驶车辆前，检查所有外部灯光的操作是否正常，如果发现问题需要更换，应注意以下事项。

1）仅使用相同型号和规格的灯泡进行更换。

2）在更换灯泡前，关闭照明开关避免任何可能发生的短路。

3）通常不先拆下其他的车辆零部件是无法更换灯泡的，对于那些只能从前机舱才能进行更换作业的灯泡，情况更是如此。因此，这项工作需要具备专业技能，建议前往特约经销商或 4S 店更换灯泡。

4）卤素/氙气灯泡用于前照灯近光、远光。这一类型的灯泡在使用过程中，如果玻璃被刮伤，可能会发生碎裂，或由于油污或排水而污染。小心避免用手触摸玻璃，使用软布对灯泡进行操作。如果需要，使用甲基化酒精清除在玻璃上留下的手指印迹。

3. 更换熔丝

（1）前机舱电器盒与仪表板电器盒

熔丝是简单的电路熔断器，通过防止电气回路超过负载来保护车辆电气设备。当熔丝所保护的一个电气设备停止工作时，可能是因为一个熔断的熔丝造成的。通过从电器盒中取出可疑的熔丝，检查是否在熔丝内部线路出现断开。如熔丝熔断，请使用相同规格或稍低等级的熔丝进行更换。

北京-EU5 一共三个熔丝盒，其中，仪表板熔丝盒位于仪表板左下方储物盒内侧，如图 5-1 箭头所示。前机舱熔丝盒 1 位于蓄电池左侧，如图 5-2 箭头所示。前机舱熔丝盒 2 位于蓄电池前方，如图 5-3 箭头所示。

 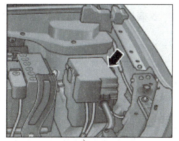 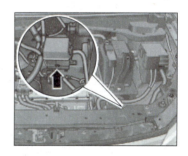

图 5-1　仪表板熔丝盒　　　　图 5-2　前舱熔丝盒 1　　　　图 5-3　前舱熔丝盒 2

（2）检查与更换熔丝

在各熔丝盒中，熔丝用颜色作为代码来识别额定电流等级，具体见表 5-1。

表 5-1　熔丝颜色

额定电流/A	颜色	型号	额定电流/A	颜色	型号
5	棕褐色	MINI	30	绿色	MINI
7.5	褐色	MINI	20	蓝色	JCASE
10	红色	MINI	30	粉色	JCASE
15	蓝色	MINI	40	绿色	BF1
20	黄色	MINI	80	白色	BF1
25	浅色	MINI	100	黑色	MIDI

如果车上的某一电器设备停止工作，首先应该检查是否是由于熔丝损坏而引起的。依照图 5-4~图 5-6 所示及表 5-2~表 5-4 或者熔丝盒盖上的位置图来确定哪一个或哪几个熔丝控制着该组件。在无法确定已损坏的熔丝是否是引起故障的原因之前，可更换所有已损坏的熔丝，并检查电器设备是否能正常工作。

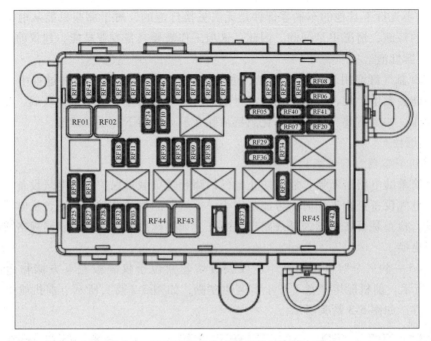

图 5-4　仪表板熔丝盒内熔丝和继电器布置

表 5-2　仪表板熔丝盒内各部件规格及名称

编号	规格	名称	编号	规格	名称
RF01	30A	前左车窗	RF25	15A	中控系统常电
RF02	30A	前右车窗	RF26	20A	天窗电机
RF03	20A	BCM 门锁电源	RF27	15A	BCM 喇叭电源
RF04	5A	混合风机电源	RF28	7.5A	行李舱灯
RF05	15A	POWER-C-LIGHTING2	RF29	7.5A	ESCLIMMO
RF06	30A		RF30	7.5A	PEPS KL30-1
RF07	25A		RF31	10A	PEPS KL30-2
RF08	5A		RF32	10A	KL30
RF09	10A		RF33	5A	
RF10	7.5A	ESP 开关	RF34	30A	
RF11	10A		RF35	7.5A	
RF12	7.5A	BMS IG	RF36	7.5A	
RF13	5A	电子旋钮换档	RF37	10A	
RF14	5A	ISS OFF/BCM/PEPS	RF38	10A	
RF15	5A		RF39	15A	
RF16	7.5A	制动开关	RF40	10A	驾驶人座椅加热
RF17	15A		RF41	5A	GPS/防盗报警器
RF18	5A		RF42	5A	空调反馈
RF19	5A		RF43	20A	驾驶人座椅电动调节
RF20	7.5A	雨量传感器	RF44	30A	EPB
RF21	10A		RF45	20A	P 档控制器
RF22	5A	BCM ACC 电	RF46	10A	T-BOX
RF23	15A	点烟器	RF47	10A	安全气囊 SRSIG1
RF24	5A	GPS/防盗报警器			

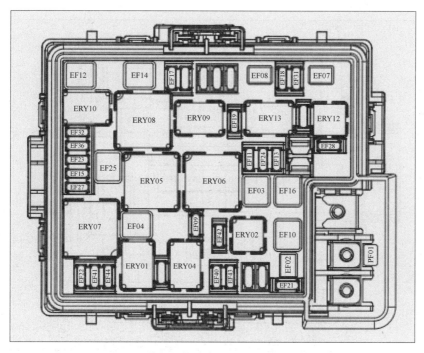

图 5-5　前机舱熔丝盒 1 熔丝和继电器布置

表 5-3　前机舱熔丝盒 1 内各部件规格及名称

编号	规格	名称	编号	规格	名称
ERY01		预留继电器	EF14	50A	点火开关常电 1
ERY02		日间行车灯继电器	EF15	10A	UEC2
ERY04		冷却液泵继电器	EF16	60A	EPS
ERY05		低速风扇继电器	EF17	10A	慢充
ERY06		高速风扇继电器	EF18	5A	鼓风机
ERY07		鼓风机继电器	EF19	20A	前刮水器
ERY08		前刮水器继电器 1	EF21	20A	空调压缩机
ERY09		前刮水器继电器 2	EF22	10A	唤醒 CMU/OBC
ERY10		近光灯继电器	EF23	10A	BMS
ERY12		唤醒 CMU/OBC 继电器	EF24	25A	ABS 阀
ERY13		ACC 继电器	EF25	30A	真空泵
PF01	175A	PEU	EF27	10A	远光灯
EF02	20A	冷却液泵	EF28	10A	PEU
EF03	40A	低速风扇	EF31	10A	制动开关
EF04	40A	鼓风机	EF32	10A	左近光灯
EF07	30A	高速风扇	EF36	10A	右近光灯
EF08	40A	ABS	EF40	20A	IG1
EF09	5A	氛围灯	EF41	5A	快充唤醒
EF10	30A	EPB	EF42	7.5A	日间行车灯
EF11	15A	喇叭	EF43	20A	ACC
EF12	40A	点火开关常电 2	EF44	30A	后风窗玻璃加热
EF13	10A	IG2			

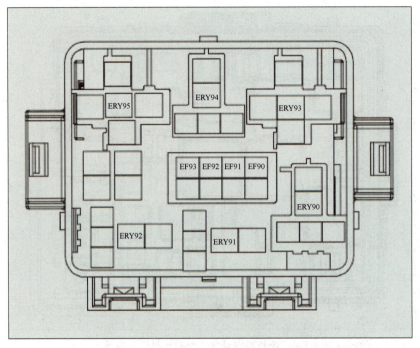

图 5-6　前机舱熔丝盒 2 熔丝和继电器布置

表 5-4　前机舱熔丝盒 2 内各部件规格及名称

编号	规格	名称	编号	规格	名称
ERY90	—	后雾灯继电器	EF90	30A	预留
ERY91	—	后除霜继电器	EF91	10A	倒车灯
ERY92	—	倒车灯继电器	EF92	10A	PTC EAS
ERY93	—	IG1 继电器	EF93	5A	后视镜加热
ERY94	—	IG2 继电器	EF94	30A	预留
ERY95	—	快充继电器	EF95	40A	预留

⏩ **小知识：更换熔丝时，若没有备用熔丝可供更换，我们该怎么办呢？**

　　可以从其他电路上取下额定电流相同或较低的熔丝来代替更换，但必须确认暂时不使用该电路，如点烟器或收音机，确保拔下熔丝也不会影响驾驶车辆。如果额定电流相同的替代熔丝在短时间内再次被熔断，则表明车辆可能存在严重的电器故障。禁止使用可能发生故障的系统。此时应将熔断的熔丝留在电路上，并立刻与新能源特约经销商或 4S 店联系。

三、举升车辆

　　千斤顶（图 5-7）是一种起重高度小（小于 1m）的最简单的起重设备，有机械式和液压式两种。其结构轻巧坚固，灵活可靠，一人即可携带和操作。

图 5-7　齿条式千斤顶

千斤顶的具体使用方式如下。

1）将车里的千斤顶取出。

2）在车身两侧找到举升车辆的位置，如图 5-8 所示。

3）将千斤顶放到支撑点处，千斤顶下面不要有杂物。

4）将千斤顶放正，千斤顶不可歪斜。

5）用摇杆将千斤顶升起，往顺时针旋转是升起千斤顶，往逆时针旋转是降下千斤顶。

6）顶的时候注意不要顶到油管、线路，顶的高度切勿太高。

7）顶起位置不当会损坏其边框，甚至导致车辆落地。顶起时间也不宜长久，尽快维修

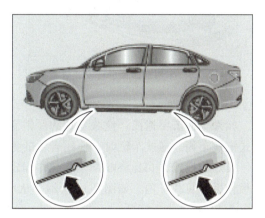

图 5-8　举升车辆支撑点

好后将千斤顶放下。如需长时间顶起，最好将备胎放到下面，防止车落地。

四、紧急牵引与车辆拖拽

1. 紧急牵引

电动汽车无法通过牵引方式来启动。许多车辆在前部设置有用于安装牵引环的螺纹孔。当车辆抛锚或者发生事故后，若有需要，可以将前部的螺纹孔作为牵引车辆的牵引点。但是要注意，禁止使用扭曲的绳子牵引车辆，任何解扭的力都可能松开前牵引环。不能使用牵引环来牵引其他车辆，而且绝对不能用来牵引拖车。

最佳的牵引方式是使用专用牵引车牵引或者进行悬吊牵引（后轮抬起）。如果车辆被牵引时只能四轮同时着地，在牵引时必须注意以下要求。

1）必须按下启动停止按键，使车辆处于"ACC"状态，否则转向盘无法转动。

2）启动停止按键位于"RUN"模式，打开危险警告灯，并可以使用制动灯、刮水器和转向灯。

3）整车档位处于"N"位，并解除电子驻车制动。

4）如整车没有上电，电动真空助力和电动助力转向将无法工作，故需要用更大的力踩制动踏板和转动转向盘，而且制动距离也会变长。

5）牵引车速度不应超过 40km/h。

紧急牵引具体操作步骤如下：

1）从行李舱地毯下部的随车工具盒内取出牵引环，具体位置如图 5-9 和图 5-10 所示。

2）从前保险杠外罩上小心地取下塑料盖，并用手将牵引环沿顺时针方向旋进螺纹孔。

完成牵引后按照与上述内容相反的顺序拆卸牵引环，并扣好护盖。

图 5-9　车辆前部牵引环安装位置　　　　图 5-10　车辆后部牵引环安装位置

2. 车辆拖拽

如果车辆需要拖拽，应联系特约经销商或专业拖车公司代为处理，并告之需要使用何种方式拖拽车辆。拖拽车辆时，使用合适的拖拽设备可保证车辆不受损坏。

最好的拖拽方式是将故障车装载并固定到救援车上，车辆发生事故需拖拽时，可选择用平板救援车装载车辆，如图 5-11 所示。从前方拖拽车辆，如图 5-12 所示；从后方拖拽车辆，如图 5-13 所示。

其中，应优先采用平板救援车装载车辆，将故障车装载到救援车上后，应开启故障车电子驻车制动开关并固定好四个车轮，防止故障车在救援车紧急制动时发生移动。

从前方拖拽车辆时应注意，抬起车轮时，须确认在被抬起的相反一端（车辆后部）保留适当的离地间隙。否则，在拖拽中，被拖拽车辆的后保险杠外罩或车身底板将受到损坏。

从后方拖拽车辆时应注意，抬起车轮时，须确认在被抬起的相反一端（车辆前部）保留适当的离地间隙。否则，在拖拽中，被拖拽车辆的前保险杠外罩或车身底板将受到损坏。

注意不要从前方或后方使用吊起式载货汽车拖拽，如图 5-14 所示，否则将导致车身损坏。

 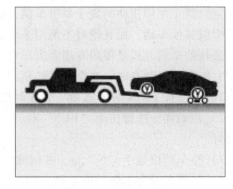

图 5-11　用平板救援车装载车辆　　　　图 5-12　从前方拖拽车辆

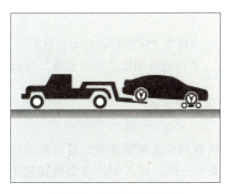

图 5-13　从后方拖拽车辆

图 5-14　吊起式载货汽车拖拽车辆

五、车车互充

车车互充技术即 V2V（Vehicle to Vehicle），就是可以将一辆电动汽车蓄电池里的电能通过充电连接装置给另外一辆汽车的蓄电池充电。当下，车车互充技术主要的实现路径有两类：通过车载充电机实现的小功率交流车车互充，以及通过直流快充接口直接实现直流大功率车车互充，如图 5-15 所示。

图 5-15　车车互充

车车互充操作方法如下。

1）供电车辆处于启动状态，档位处于 P 位。

2）打开充电口盖。

3）桩端充电插头通过一个转接头插入供电车辆的慢充口，车端充电插头插入被充电车辆的慢充口。

4）点击中控屏幕互充功能按钮（有的车辆在驾驶人侧有 VTOL 按键），选择充电电流，此时各仪表显示相关信息。

5）充电结束后，再次点击互充按键，结束车车互充功能。

注意：此功能的使用必须保持车辆启动状态，若车辆熄火，会自动退出此功能。

六、充电操作应急处理

1. 充电操作流程及注意事项

新能源车辆在操作过程中，应按照以下操作流程进行。

项目五

1）关闭车辆电源开关。

2）连接充电插头。

3）操作台上查看对应终端状态（正常情况下，插入插头 25s 后自动启动充电）。

4）当操作台上显示"充电中"时，在操作台上点击对应终端的"结束充电"按钮结束充电。

5）当操作台上显示"已完成"时可直接拔出插头结束充电。

2. 慢充应急解锁

当电子锁出现故障不能拔出充电插头时，应尽快找到应急解锁装置，通过手动应急解锁，尝试拔出充电插头。不同车型应急解锁装置位置不一样，北京-EU5 应急解锁位于车辆右后方，操作方式如下。

1）打开行李舱盖，找到充电插头应急解锁拉索。

2）扣开应急解锁拉索卡扣，拉动应急解锁拉索，可解锁充电插头。

3）解锁完成后复位应急解锁拉索卡扣。

【实训任务十一】　车辆应急自救场景模拟

实训器材

整车、随车工具包、锂电池、灯泡、不同规格的熔丝、千斤顶、牵引环、牵引绳、充电连接装置、备胎。

作业准备

1）检查随车工具是否齐全，如图 5-16 所示。

图 5-16　随车工具箱

扫一扫 → 应急解锁及起动

扫一扫 → 慢充口应急解锁

2）整车和防护三件套等 5S 操作。

操作步骤

1）用机械钥匙启动车辆：

① 按释放按钮取下钥匙饰盖，拔出机械钥匙，如图 2-84 所示。

②将机械钥匙插入驾驶人侧车门的机械门锁内，逆时针转动钥匙至解锁位置，即可解锁

所有车门锁芯，如图 5-17 所示。

2）更换遥控钥匙电池：更换智能遥控钥匙的具体方法见项目二任务三。

3）更换熔丝：

①使用电器盒内的熔丝拔出器拔出熔断的熔丝，如图 5-18 所示。

②查找熔丝盒中已熔断的熔丝并更换。熔丝如果已经熔断，如图 5-19 所示，应使用额定电流值相同或较低的备用熔丝来更换。

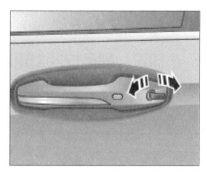

图 5-17　机械钥匙插入钥匙孔

图 5-18　前机舱熔丝盒内的熔丝拔出器

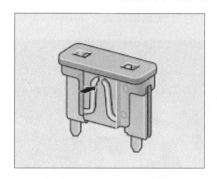

图 5-19　已经熔断的熔丝

4）备胎更换：

①拆下轮胎：

a）使用随车工具拆下车轮螺母盖，如图 5-20 所示。

b）按箭头 1、3、5、2、4 顺序交叉旋松固定螺母，螺母序号如图 5-21 所示。

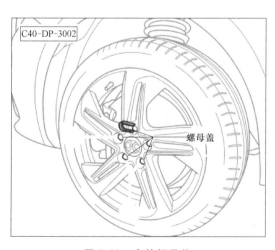

图 5-20　车轮螺母盖

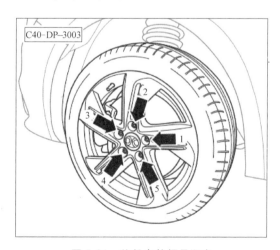

图 5-21　旋松车轮螺母顺序

c）举升车辆，旋出固定螺母，按图 5-21 所示箭头 1、2、3、4、5 的顺序进行，取下车轮。

②安装轮胎：

a）安装车轮，按图 5-21 所示箭头 1、3、5、2、4 的顺序交叉预紧固定螺母。

b）降下车辆，旋紧固定螺母，按图 5-21 所示箭头 1、3、5、2、4 的顺序进行。

➡ 小知识：螺母拧紧力矩及工具

箭头 1 至箭头 5 螺母拧紧力矩：100~120N·m。

箭头 1 至箭头 5 螺母拧紧工具：21mm 六角套筒。

5）慢充口盖应急解锁：

① 遵守安全操作规范，找到慢充应急解锁拉索并拉动，如图 5-22 所示。

② 打开慢充接口盖，如图 5-23 所示。

图 5-22 慢充应急解锁拉索固定卡扣

图 5-23 慢充接口盖

竣工检验

整理、恢复作业场地。

实训任务总结

_____

_____

_____

_____

_____

_____

_____

_____

_____

_____

| 车辆应急自救场景模拟 | 工作任务单 | 班级： |
| | | 姓名： |

1. 车辆信息记录

品牌		整车型号		生产年月	
驱动电机型号		动力蓄电池电量		行驶里程	
车辆识别码					

2. 作业场地准备

检查设置隔离栏	□是　□否
检查设置安全警示牌	□是　□否
检查灭火器压力及有效期	□是　□否
安装车辆挡块	□是　□否

3. 记录模拟场景及更换部件

车辆应急自救场景模拟		实习日期：	
姓名：	班级：	学号：	导师签名：
自评：□熟练 □不熟练	互评：□熟练 □不熟练	师评：□合格 □不合格	
日期：	日期：	日期：	

车辆应急自救场景模拟【评分细则】

序号	评分项	得分条件	分值	评分要求	自评	互评	师评
1	安全/5S/态度	□1. 能进行工位 5S 操作 □2. 能进行设备和工具安全检查 □3. 能进行车辆安全防护操作 □4. 能进行工具清洁、校准、存放操作 □5. 能进行"三不落地"操作	25	未完成 1项扣 5 分	□熟练 □不熟练	□熟练 □不熟练	□合格 □不合格
2	专业技能	□1. 能正确进行应急启动操作 □2. 能正确更换智能遥控钥匙电池 □3. 能正确更换熔丝 □4. 能正确更换备胎 □5. 能正确使用慢充应急解锁拉索	50	未完成 1项扣 10 分	□熟练 □不熟练	□熟练 □不熟练	□合格 □不合格
3	工具及设备的使用能力	□1. 能正确使用机械钥匙启动车辆 □2. 能正确使用千斤顶顶升车辆 □3. 能正确使用熔丝拔出器 □4. 能正确选用所需工具	25	未完成 1项扣 7 分，扣分不得超过 25 分	□熟练 □不熟练	□熟练 □不熟练	□合格 □不合格

总分：

任务二 高压电事故及应急措施

【学习目标】

知识目标：

1）理解车辆高压系统事故应急处理标准流程。

2）掌握自动体外除颤器（Automated External Defibrillator，AED）的使用。

技能目标：

1）能够正确进行触电急救。

2）能够对事故新能源车辆进行应急处理。

3）能够正确使用自动体外除颤器

素质目标：

1）操作过程中互相学习，团队合作，探索新鲜事物。

2）通过对新能源汽车高压电事故及应急措施的学习，从认知到掌握，提高自己对新能源汽车高压电事故的应急处理能力。

【任务描述】

小明来到修理厂实习，一位新能源汽车车主的车被水淹了，不知道如何处理，你能指导他完成水淹车的应急处理吗？

【相关知识】

一、高压触电急救措施

进行触电急救，应以迅速、就地、准确、坚持为原则。触电急救必须争分夺秒，就地迅速用心肺复苏法进行抢救，并坚持不断地进行，同时及早与医疗部门联系，争取医务人员接替救治。在医务人员未接替救治之前，不应该放弃现场抢救，更不能只根据没有呼吸或脉搏擅自判定伤员死亡，放弃抢救。切记，只有医生有权做出死亡诊断。

1. 脱离电源

1）触电急救，首先要使触电者迅速脱离电源，越快越好，因为电流作用的时间越长伤害越大。触电者未脱离电源前，救护人员不得直接用手触及伤员，否则有触电的危险。

2）使用绝缘工具以及干燥的木棒、木板、绳索等不导电的物品解脱触电者；也可抓住触电者干燥而不贴身的衣服，将其拖开，切记要避免碰到带电物体和触电者裸露的身躯；也可戴绝缘手套后解脱触电者。

3）在动力蓄电池模块维修或更换单体蓄电池时触电，触电者受到电击后极易麻痹、昏厥或休克而倒在蓄电池上。由于蓄电池内部的带电部分外露较多，为避免触电面积增加进而加大对触电者的伤害，施救时可用绝缘隔板、干木板或绝缘塑料板插于触电者与蓄电池之间，再进一步将触电者脱离移开，同时施救者也要保护自身安全。

2. 伤员脱离电源后处理

1) 触电伤员如神志清醒，应使其就地平躺，严密观察，暂时不要站立或走动。

2) 触电者如神志不清醒，应就地仰面平躺且确保气道通畅，并用5s时间呼叫伤员或轻拍其肩部，以判定伤员是否有意识丧失可能。禁止摇动伤员头部呼叫伤员。

3) 需要抢救的伤员，应立即就地坚持正确抢救，并设法联系医疗部门接替救治。

4) 呼吸、心跳情况的判定：触电伤员若意识丧失，应在10s内用看、听、试的方法，判定伤员呼吸心跳情况。看一看：伤员的胸部、腹部有无起伏动作；听一听：用耳贴近伤员的口鼻处，听有无呼气的声音；试一试：测口鼻有无呼气的气流，再用两手指轻试一侧（左或右）喉结旁凹陷处有无搏动，可判定呼吸心跳是否停止。

3. 心肺复苏

触电伤员呼吸和心跳均停止时，应立即按照心肺复苏法支持生命的三项基本措施，正确地进行就地抢救。

二、新能源汽车起火应急措施

新能源汽车因为有动力蓄电池，存在起火的风险，虽然随着电池技术的进步，动力蓄电池的安全性能得到很大提升，但起火的风险无法完全避免。如果车辆起火（图5-29），我们需要根据实际情况按照以下方法继续对车辆进行操作。

1) 将车辆退电至"OFF"档，并在条件允许的情况下断开前机舱12V蓄电池。

2) 断开维修开关。

3) 就近寻找干粉灭火器。

4) 如果车辆起火，火势较小较慢，应使用干粉灭火器灭火，并立即拨打求救电话。

5) 如果火势较大，发展较快，请立即远离车辆等待救援。

图 5-24　电动汽车起火

注意：

1) 请使用指定类型灭火器进行灭火，使用水基灭火器或不正确的灭火器灭火，可能会导致触电或其他事故发生。

2) 动力蓄电池不会发生爆炸，但有可能遇到其他特殊情况导致发生剧烈反应，飞出飞射物（例如内饰件、玻璃等）。远离车辆，并通知该车型的服务中心到现场处理。

3) 如果吸入了有害气体，必须马上呼吸大量新鲜空气。如果接触到了眼睛，应立即用大量的清水进行冲洗（至少10min）。当人体不慎接触到泄漏液体时，应立即用大量清水冲洗10~15min，如果有疼痛感可用2.5%的葡萄糖酸钙软膏涂敷，或用2%~2.5%的葡萄糖酸钙溶液浸泡止痛。若无改善或出现不适症状，应立即就医。如果吞咽了蓄电池内容物，应喝大量清水，并且避免呕吐，同时寻求医疗救助。

三、其他事故处理措施

1. 碰撞

如果新能源汽车发生碰撞，应根据实际情况按照以下方法对车辆进行操作。

1）将车辆退电至"OFF"档，并在条件允许的情况下断开前机舱 12V 蓄电池。

2）在条件允许的情况下，断开维修开关。

3）立即拨打服务电话请求救援。

4）在条件允许的情况下，可自行进行简单检查：查看动力蓄电池托盘边缘是否开裂，有无明显液体流出，若有液体流出，按泄漏处理。

注意：

1）如果不知道如何正确操作，请勿碰触动力蓄电池。

2）操作或碰触动力蓄电池时，请佩戴绝缘手套。

2. 水淹

如果纯电动汽车浸入深水中，应根据实际情况按照以下方法对车辆进行操作。

1）将车辆退电至"OFF"档。

2）在有绝缘防护的条件下，将车辆从水中移出并打开车门，将车辆内部积水排干。

3）断开维修开关。

4）在条件允许的情况下断开前机舱 12V 蓄电池。

5）拨打服务电话请求救援。

注意：

车辆无法从水中移开或没有足够的绝缘防护时，不要触碰任何高电压部件。

3. 动力蓄电池发生泄漏

如果动力蓄电池发生泄漏（有明显液体流出），需要按照以下方法对车辆进行操作。

1）将车辆退电至"OFF"档，并在条件允许的情况下断开前机舱 12V 蓄电池。

2）断开维修开关。

3）立即拨打服务电话请求救援。

发生少量泄漏时，请远离火源，使用吸液垫吸附后置于密闭容器中，或采用焚烧方式处理。操作前应佩戴防腐蚀手套。如发生大量泄漏，应统一收集，按照危险化学品处理。

当人体不慎接触到泄漏液体时，应立即用大量清水冲洗 10~15min，如果有疼痛感则可根据该种车型蓄电池使用手册中的方法进行处理。如触碰的是比亚迪 e6 车型泄漏液体可用 2.5% 的葡萄糖酸钙软膏涂敷，或用 2%~2.5% 的葡萄糖酸钙溶液浸泡止痛。若无改善或出现不适症状，应立即里就医。

注意：

1）请勿触碰泄漏出的液体，远离发生泄漏的车辆或动力蓄电池。

2）收集的泄漏液体勿随意弃于水、土壤等环境中。

四、自动体外除颤器

除颤器是利用较强的脉冲电流通过心脏来消除心律失常，使之恢复窦性心律的一种医疗器械，是手术室必备的急救设备。对于心肺复苏，除颤是很重要的步骤之一。自动体外除颤

项目五

器主要由电极片、附件包、主机盒盖、中央显示屏及 AED 主机组成，如图 5-25 所示。

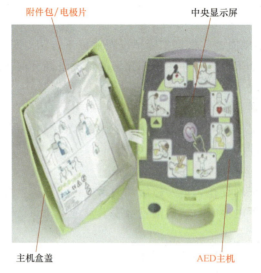

图 5-25　自动体外除颤器结构组成

【实训任务十二】　自动体外除颤器的使用

实训器材

自动体外除颤器、人体心肺复苏模拟设备、导电糊、纱布块、电极片 3 个、220V 工作电源。

作业准备

1）检查自动体外除颤器、人体心肺复苏模拟设备是否正常。

2）检查工作电源是否正常。

操作步骤

1）评估环境安全，是否适宜操作。

2）连接安装除颤设备。

3）按教材所示方法进行除颤操作。

自动体外除颤器的使用按照图 5-26 所示流程进行操作，严格按照语音提示进行下一步操作。

① 保持镇静，检查病人反应。第一目击者检查周围环境是否安全；大声呼叫，判断病人有无意识；判断病人有无颈脉搏动及自主呼吸。

② 呼叫援助。第一时间拨打急救电话 120。请周边人员就近拿取 AED，打开 AED，开机并检查，按开机键（短按），向上扳动打开盒盖，左下角显示"√"表示机器功能正常，如图 5-27 所示。机器自动完成开机自检，语音提示"系统正常"。

图 5-26　自动体外除颤器操作流程

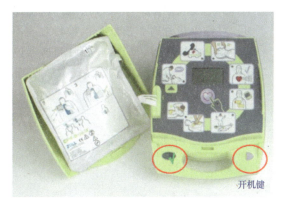

图 5-27　AED 开机键

③ 安放电极片。拿出附件包内的物品，如图 5-28 所示，戴好手套，用剪刀剪开病人衣服，充分暴露胸部皮肤。按图 5-29 所示安装好电极片。

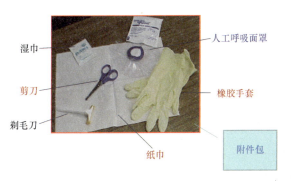

图 5-28　附件包内物品

图 5-29　电极片安装示意图

④ 除颤。电极片贴好后，机器立即收到病人心电信号开始分析，在此期间不要触摸病人，等听到提示音"建议电击除颤，不要触摸病人，按除颤键"再按除颤键进行除颤。按除颤键前，操作者应：

a）环视确认没有人接触病人。

b）红灯闪烁听到蜂鸣音再按除颤键放电。

⑤ 心肺复苏。除颤完成后，开始心肺复苏。30 次胸外按压，2 次人工呼吸，做 2min，5 个循环。2min 心肺复苏后，AED 再次分析心律，按照提示进行下一步操作，如图 5-30 所示。直至患者呼吸正常或医护人员赶到。

⑥ AED 注意事项：

a）严格按照 AED 图示及语音提示进行操作。

b）胸毛浓密者，可用刮刀刮净胸毛。

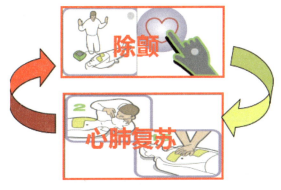

图 5-30　心肺复苏示意图

c）胸部皮肤潮湿，用纸巾擦拭，保持皮肤干燥。

d）粘贴电极片时，皮肤与电极片之间不能有气泡。

e）粘贴电极片时，应避开心脏起搏器位置。

f）除颤前确定周围无人触碰病人，听到蜂鸣音后再按除颤键。

竣工检验

整理、恢复作业场地。

实训任务总结

自动体外除颤器的使用	工作任务单	班级：	
		姓名：	

1. 自动体外除颤器设备信息记录

品牌		整车型号		生产年月	

2. 作业场地准备

检查设置隔离栏	□是　□否
检查 AED 外观	□是　□否
检查设备线路及连接情况	□是　□否
检查工作电源	□是　□否

3. 记录操作过程

扫一扫　　项目五习题

项目五

自动体外除颤器的使用		实习日期：		
姓名：	班级：	学号：		导师签名：
自评：□熟练 □不熟练	互评：□熟练 □不熟练	师评：□合格 □不合格		
日期：	日期：	日期：		

自动体外除颤器的使用【评分细则】

序号	评分项	得分条件	分值	评分要求	自评	互评	师评
1	安全/5S/态度	□1. 能进行工位 5S 操作 □2. 能进行设备和工具安全检查 □3. 能进行电源检查及线路检查 □4. 能进行工具清洁、校准、存放操作 □5. 评估环境安全是否适宜操作	15	未完成 1项扣 3分	□熟练 □不熟练	□熟练 □不熟练	□合格 □不合格
2	专业技能	能正确进行以下操作： □1. 评估患者意识、颈动脉搏动，呼叫患者 □2. 打开除颤器电源开关，必要时连接电源 □3. 将旋钮调至"AED"键，观察自动检测是否通过，正确选择除颤方式，电极板上均匀涂抹导电膏 □4. 根据病人具体情况正确选择能量 □5. 正确进行除颤器的充电操作 □6. 正确安放电极板 □7. 确认环境安全 □8. 观察病人心律情况，正确判断是否继续心肺复苏，视病情决定是否需要再次除颤 □9. 抢救成功后能正确协助病人取合适卧位，进行进一步生命支持	75	未完成 7确认环境安全扣 11分，其他未完成 1 项扣 8 分	□熟练 □不熟练	□熟练 □不熟练	□合格 □不合格
3	工具及设备的使用能力	□1. 能正确连接 AED 除颤器 □2. 能正确检查使用 AED 除颤器	10	未完成 1项扣 5分	□熟练 □不熟练	□熟练 □不熟练	□合格 □不合格

总分：

参 考 文 献

［1］ 侯涛. 纯电动汽车结构与检修 ［M］. 北京：人民交通出版社，2018.

［2］ 马德粮. 新能源汽车技术 ［M］. 2 版. 北京：清华大学出版社，2020.

［3］ 李茜，王昊，葛鹏. 中国新能源汽车发展历程回顾及未来展望 ［J］. 汽车实用技术，2020（9）：285-288.

［4］ 景平利，罗雪虎，高磊. 走进新能源汽车 ［M］. 北京：机械工业出版社，2017.

［5］ 黄文进，尹爱华. 新能源汽车电学基础与高压安全 ［M］. 北京：机械工业出版社，2018.

［6］ 韩炯刚，石光成. 新能源汽车高压安全与防护 ［M］. 北京：机械工业出版社，2018.